MAMYTWINK

FLORIAN HENN, JULIEN AUBRÉE ET FRANÇOIS CALVIER

HISTOIRES DE GUERRE

LES HÉROS OUBLIÉS

Michel LAFON

118, avenue Achille-Peretti
CS 70024
92521 Neuilly-sur-Seine Cedex
www.michel-lafon.com

SOMMAIRE

RÉPUBLIQUE FRANÇAISE
ORDRE
DE
MOBILISATION GÉNÉRALE
FASCICULE DE MOBILISATION
TOUS LES HOMMES
COURS DE TÉLÉGRAPHIE
ET DE
TÉLÉPHONIE SANS FIL
ORDONNANCE
INTERDISANT
LES RÉUNIONS PUBLIQUES
ARRÊTÉ

AVANT-PROPOS

Ces dernières années, au fil de nos recherches, nous avons recueilli d'innombrables récits insolites des plus grands conflits de l'Histoire. Nous avons croisé la route de personnages emblématiques ou d'illustres inconnus, de bourreaux sans pitié ou de héros de l'ombre. Tant dans notre premier ouvrage que dans nos documentaires sur YouTube, nous n'avons cessé de mettre en lumière ces histoires singulières.

Certaines nous ont plus particulièrement touchés. Nous avons découvert des héros méconnus dont le destin hors du commun est pourtant sans équivalent dans l'Histoire. Mais pourquoi ces femmes et hommes sont-ils restés inconnus ? Pourquoi ces personnes, portées par un courage infini, un amour inconditionnel, un fort esprit de résistance, ont-elles été oubliées ?

C'est pour les sortir de l'anonymat, honorer leurs gestes, qui ont parfois failli faire basculer le cours de l'Histoire, que nous avons écrit ce deuxième volume. Dans *Les Héros oubliés*, vous vivrez les exploits et suivrez le destin unique de quatre d'entre eux : une femme et trois hommes. Ainsi pourrez-vous prendre la mesure de leurs personnalités exceptionnelles.

Au fil des pages de cet ouvrage que nous avons voulu résolument intimiste, vous vous glisserez au côté de ces quatre personnages hauts en couleur. Au fur et à mesure de leurs épreuves, vous vibrerez comme Mala, Edek, Georg et Eddie. Vous partagerez leurs aventures, éprouverez leurs doutes et leurs espoirs, tressaillirez de peur et frémirez de joie, vous vous lamenterez de leurs échecs et vous vous délecterez de leurs succès.

Nous espérons ainsi vous transmettre leurs histoires avec la même passion que celle qui nous a animés au cours de ces mois où nous les avons côtoyés. Et le plus important : ne les oublions jamais !

Florian, Julien & François

CHAPITRE I

L'HISTOIRE TRAGIQUE DES AMOUREUX D'AUSCHWITZ

Mala Zimetbaum et Edward Galiński ont respectivement vingt-cinq et vingt ans lorsqu'ils se rencontrent pour la première fois dans le camp d'Auschwitz-Birkenau. Contre toute attente, au cœur de cet enfer va naître entre ces deux êtres un amour fulgurant, une étincelle dans la nuit profonde de l'horreur nazie. Mais surtout, un double lien indéfectible, l'amour et la liberté, va les mener à réaliser l'impossible : s'évader ensemble du camp de la mort.

CONTEXTE HISTORIQUE

—

Au début de l'année 1940, la Pologne, envahie quelques mois plus tôt par le IIIe Reich, est écrasée par la politique d'occupation implacable des nazis. L'industrie du pays est exploitée sans ménagement, les écoles secondaires et toutes les institutions culturelles sont fermées, le rationnement est mis en place et l'élite polonaise doit être éliminée. Selon les ordres d'Adolf Hitler, les Polonais doivent devenir « les esclaves du Grand Reich ».

Pour cette raison, la Schutzstaffel (la SS) décide, au printemps 1940, d'ériger un camp de concentration, Auschwitz, dans la ville polonaise d'Oświęcim dans le sud du pays. La maxime *Arbeit macht frei*, « Le travail rend libre », qui couronne le portail d'entrée, présage le funeste sort réservé aux détenus : une mort lente.

Le 1er mars 1941, Heinrich Himmler, chef de la SS et responsable des camps de concentration nazis, alors en visite à Auschwitz, ordonne la construction d'un deuxième camp à 3,5 kilomètres du premier : Auschwitz-Birkenau. Le complexe sera divisé en trois parties : un camp de quarantaine, le camp des femmes et celui des hommes.

Auschwitz-Birkenau devient en 1942 le symbole absolu de l'horreur nazie. Car Hitler a décidé la « solution finale à la question juive », l'extermination de tous les Juifs d'Europe. Ainsi, le camp se mue en principal centre de mise à mort du IIIe Reich, hors normes tant par ses dimensions que par la tragédie innommable qui s'y déroule.

À Auschwitz, les déportés arrivent en train. Les survivants d'un voyage souvent abominable sont débarqués sur un quai, « la rampe », où hommes et femmes sont séparés par les SS puis sélectionnés par un médecin SS, comme par exemple le Dr Mengele. Dans la file à gauche de ce dernier, les personnes visiblement en bonne santé, avant tout des jeunes, entrent dans l'immense camp de concentration qui jouxte le centre de mise à mort. Dans la file de droite, des enfants, des vieillards et des femmes sont envoyés dans de prétendues douches : les chambres à gaz. Entre 1940 et 1945, 1,1 million de personnes meurent à Auschwitz dont 900 000 déportés, la plupart juifs, exterminés dans les chambres à gaz.

Ceux qui réchappent de cette première sélection survivent dans des conditions atroces. Les prisonniers travaillent jusqu'à l'épuisement, subissent le froid des hivers particulièrement longs, la soif, la promiscuité, les maladies, la faim obsédante et les sévices des SS.

6 février 1943, l'appel

6 heures du matin. Le vent hurle, le froid mord et la mort rôde. L'odeur des corps brûlés la veille emplit l'atmosphère. Dans la cour entre les baraquements du camp des femmes, des ombres se tiennent debout, alignées par rangées de cinq. Les prisonnières attendent, totalement immobiles, dans l'air glacial de l'aube, vêtues de leurs pauvres costumes rayés qui ne les protègent ni du froid ni de la pluie. Elles grelottent et chancellent, la peur aux tripes. Certaines n'ont même plus la force de tenir debout. Un silence absolu règne. Le froid frappe de stupeur, la peur, de mutisme. Comme chaque matin, c'est l'appel.

Mala Zimetbaum.

Sous l'œil intransigeant des gardes SS, les *blockhovas* comptent les milliers de prisonnières du camp d'Auschwitz-Birkenau. Une erreur, et elles recommencent. Et tant pis si cela dure des heures ! Après l'appel, les décès de la nuit sont comptabilisés. Comme tous les matins, les dépouilles sont empilées au pied des marches des baraques.

Parmi les milliers de détenues se trouve Mala Zimetbaum. Grande, fine, le visage ovale, les yeux bleus, la posture digne, Mala a vingt-cinq ans. Arrêtée à l'été 1942 lors d'une rafle à Anvers en Belgique, elle a été déportée à Auschwitz-Birkenau le 15 septembre 1942. Depuis cinq mois, elle survit à l'horreur. Bien décidée à ne pas se faire broyer par la machine à tuer, elle affronte avec courage, chaque jour, l'enfer du camp.

Ce 6 février 1943, l'appel dure toute la journée. Celles qui s'effondrent ou qui ne peuvent rejoindre leur baraquement sont exterminées. Mala, elle, survit.

La jeune femme ignore tout du destin, à la fois héroïque et tragique, qui l'attend. Dans les mois qui suivent, Mala va connaître tour à tour tous les rouages de l'administration d'Auschwitz : l'arrivée des convois, la misère des prisonnières et le sort des condamnées au gaz. Mais Mala va aussi vivre l'inattendu dans ce lieu hanté : l'amour, l'espoir et surtout la liberté.

TÉMOIGNAGE

—

Charlotte Delbo, rescapée d'Auschwitz, raconte l'appel du matin :

« La porte est ouverte aux étoiles. Chaque matin il n'a jamais fait aussi froid. Chaque matin on a l'impression que si on l'a supporté jusqu'ici, maintenant c'est trop, on ne peut plus. Au seuil des étoiles on hésite, on voudrait reculer. Alors les bâtons, les lanières et les hurlements se déchaînent. Les premières près de la porte sont projetées dans le froid. Du fond du block, sous les bâtons, une poussée projette tout le monde dans le froid.

[...] C'est l'appel. Tous les blocks rendent leurs ombres. Avec des mouvements gourds de froid et de fatigue une foule titube vers la Lagerstrasse. La foule s'ordonne par rangs de cinq dans une confusion de cris et de coups. Il faut longtemps pour que se rangent toutes ces ombres qui perdent pied dans le verglas, dans la boue ou dans la neige, toutes ces ombres qui se cherchent et se rapprochent pour être au vent glacé de moindre prise possible.

[...] L'ombre se dissout un peu plus. Les aboiements des chiens se rapprochent. Ce sont les SS qui arrivent. Les blockhovas *crient "Silence !" dans leurs langues impossibles. Le froid mord aux mains qui sortent de sous les bras. 15 000 femmes se mettent au garde-à-vous.*

[...] L'ombre se dissout tout à fait. Il fait plus froid. [...] Le rouge du ciel s'éteint et tout le ciel blêmit et au loin du ciel blême apparaissent les corbeaux qui fondent noirs sur le camp, en vols épais. Nous attendons la fin de l'appel. Nous attendons la fin de l'appel pour partir au travail. »

« DANS SA VIE, IL N'Y A PLACE QUE POUR DEUX SORTES D'AMOUR : CELUI DE LA LIBERTÉ ET CELUI D'EDEK. »

Fania Fénelon, membre de l'orchestre des femmes d'Auschwitz

Prisonnière n° 19880

Mala Zimetbaum, dite « la Belge », naît le 26 janvier 1918 à Brzesko en Pologne. Cadette d'une fratrie de cinq enfants, elle émigre avec sa famille à Anvers en Belgique en 1928. Dès son plus jeune âge, Mala se passionne pour la littérature, notamment la littérature étrangère. Elle dévore les ouvrages et s'attarde souvent de longues heures à la bibliothèque. Son appétit insatiable pour la lecture lui permet, en plus du polonais et du yiddish, ses langues natales, d'apprendre le français, le flamand, l'allemand, le russe et l'anglais.

Mala ne se contente pas d'être une élève brillante. Elle est aussi une jeune femme aimante. Lorsque son père tombe gravement malade et devient aveugle, elle interrompt ses études et se fait engager comme couturière dans une célèbre maison de haute couture d'Anvers, pour subvenir aux besoins de sa famille. Dans le quartier où elle vit, elle ne laisse personne indifférent. Romek Hutterer, le voisin de la famille Zimetbaum à Anvers, lui aussi déporté à Auschwitz, raconte : « J'étais le voisin de Mala. Le soir, nous parlions souvent dans la rue. Ce qui étonnait tout le quartier, c'était la force tranquille avec laquelle elle accompagnait son père dans tous ses déplacements. En effet, son père était aveugle, et la sollicitude de Mala faisait l'admiration de tous. »

Mala Zimetbaum (au centre)
avant sa déportation vers Auschwitz.

En septembre 1939, le destin de l'Europe bascule : la Seconde Guerre mondiale éclate. En mai 1940, les Allemands envahissent la Belgique et occupent le pays. Mala n'est pas dupe. Elle écrit : « Vous pensez que les Allemands ne nous feront rien, qu'ils nous donneront du pain et du travail ; mais un jour viendra où, à l'improviste, ils nous jetteront à la rue. »

Mala a vu juste. L'occupant allemand met rapidement en route sa politique de persécution froide et inhumaine. Avec le soutien de l'administration belge, tous les enfants juifs, écoliers ou étudiants, sont chassés de leurs écoles, certains parents sont déportés dans des camps dans le nord de la France pour être mobilisés pour le travail forcé, et le port de l'étoile jaune est imposé.

Mala, qui entre-temps avait quitté son emploi de couturière et avait été engagée en tant que tailleuse de diamants, puis secrétaire administrative, à l'American Diamond Company, doit faire face à un dilemme. Son employeur, un diamantaire juif, est contraint, tout comme les autres sociétés dirigées par des Juifs, de mettre la clé sous la porte ; Mala pourrait émigrer aux États-Unis, mais elle choisit de rester auprès de ses parents.

À l'été 1942, tout s'accélère. Des milliers de Juifs sont arrêtés en Belgique. À Anvers, c'est la police locale qui rafle plus d'un millier d'entre eux et qui les livre aux Allemands.

Mala n'y échappe pas. Le 22 juillet, elle est interpellée, puis envoyée au camp de Malines, une caserne transformée par les nazis en un lieu de détention et de transit. Les Juifs y sont rassemblés pour être « mis au travail à l'Est ».

Le 12 septembre 1942, lors du nouvel an juif, une nouvelle rafle est organisée. Et trois jours plus tard, le 15 septembre, Mala part, aux côtés de 1 000 autres déportés, pour un voyage forcé vers une destination inconnue.

Pendant deux jours, elle endure un transport inhumain. Recroquevillée dans un wagon où sont entassées des dizaines d'autres personnes, elle supporte la puanteur, l'asphyxie, la faim, la soif, les cris et les pleurs. Un matin, le train s'arrête. Les portes s'ouvrent violemment, le jour l'aveugle et le hurlement des chiens l'étourdit. Mala est arrivée à Auschwitz. La jeune femme débarque sur la rampe. Hébétée, désorientée, exténuée, elle suit machinalement les ordres que lui beuglent les SS. Les déportés sont triés : 717 personnes de ce convoi sont immédiatement envoyées dans les chambres à gaz. Mala, elle, est désignée apte au travail. Les SS lui confisquent tous ses biens, la lavent à l'eau froide et lui rasent le crâne. Ils lui attribuent le numéro 19880.

NOTE HISTORIQUE

—

Les parents de Mala seront arrêtés deux mois plus tard, le 26 novembre 1942, et déportés le 15 janvier 1943 vers Auschwitz. Mala ne le saura jamais, puisqu'ils seront gazés dès leur arrivée.

Portrait de Mala réalisé par une codétenue
dans le camp en 1943.

Läuferin

La pièce est plongée dans le noir. Seules les faibles lueurs de la lune révèlent les silhouettes de centaines de femmes entassées à l'intérieur. Le bâtiment, sommaire, n'est constitué de rien d'autre que de quatre pans de mur et d'une charpente rudimentaire. Couchée à même le sol, Mala se retourne sans cesse. La terre battue lui colle à la peau. Elle se débat avec le morceau de drap qu'elle a réussi à trouver. Impossible de fermer l'œil. Partout autour d'elle, des ombres remuent, tremblent de froid, gémissent ou supplient. Aux côtés de 500 autres déportées, entassées dans une écurie du camp, Mala découvre la vie à Auschwitz.

L'hiver 1942-1943 est un hiver particulièrement cruel. C'est l'époque des sélections massives. Mala ignore tout du processus d'extermination qui est orchestré à Auschwitz. Mais les « anciennes » l'instruisent : chaque jour, des hommes, des femmes et des enfants sont asphyxiés au gaz Zyklon B. Après quoi, leurs dépouilles sont brûlées à l'air libre, dans d'immenses charniers. Au printemps 1943, des fours crématoires sont construits.

Cette apocalypse, Mala compte bien y survivre. Sa grande intelligence et sa rage de vivre vont l'aider. Au début de l'année 1943, elle devient *Läuferin*, « coursière », et travaille pour la hiérarchie SS du camp. Elle livre des messages.

Mala parle couramment sept langues et à Auschwitz, véritable tour de Babel, ce don est rare. Il est repéré par les gardiennes du camp qui la prennent à leur service. La Belge devient ainsi l'interprète en chef de deux d'entre elles, les SS Drexler et Mandl, réputées pour leur cruauté inouïe. Arbitrairement, elles humilient, battent et fouettent les détenues.

NOTE HISTORIQUE

—

Les camps des femmes sont surveillés par un personnel féminin. Tout comme leurs homologues masculins, les femmes SS sont vêtues d'un uniforme : un long manteau, des bottes, une casquette et une cravate. Elles portent une arme à la ceinture, souvent doublée d'un fouet. Certaines gardiennes ont également un chien. Contrairement aux hommes, elles sont plus jeunes et n'ont souvent eu aucune formation, mais sont aussi cruelles, brutales et sadiques qu'eux. Quelle que soit leur position dans la hiérarchie, elles n'ont pas le droit de donner d'ordre à un SS, même de rang inférieur.

Irma Grese, une gardienne SS, surnommée « la hyène d'Auschwitz » et « la bête de Belsen » pour sa cruauté et sa perversité.

Vive d'esprit, fine et courtoise, Mala s'avère efficace et rapide dans l'exécution de son travail. Ses multiples talents lui permettent d'accéder rapidement à un statut privilégié, qui lui confère un traitement de faveur. À l'été 1943, Mala est transférée dans le *block* 4, le *musterblock*, « block modèle ». Le lieu sert d'exemple lors de visites officielles dans le camp. Contrairement aux autres, ce baraquement est propre et dispose de lits et de couvertures. Il n'est pas surpeuplé et compte seulement 70 à 80 prisonnières, au lieu des 700 à 800 habituelles. La jeune femme peut enfin dormir, manger, se laver, s'habiller à peu près correctement et elle est même autorisée à laisser pousser ses cheveux. Mala n'est pas sauvée pour autant. À tout moment, elle risque l'extermination dans les chambres à gaz, pour peu qu'elle soit malade, qu'elle fasse mal son travail ou tout simplement parce qu'elle est juive.

Mala ne profite pas de son statut de privilégiée. Bien au contraire, elle en fait bon usage pour venir en aide aux autres détenues. Car la Belge est une femme généreuse et bienveillante au courage hors normes. En tant qu'interprète en chef, elle a accès aux listes de celles qui sont malades et de celles qui sont condamnées au gaz. Lorsque Mala accompagne les patientes qui sortent miraculeusement de l'hôpital, elle veille à les reconduire dans un baraquement où le travail est moins harassant, afin de garantir leur survie. Et dès qu'elle le peut, elle fait changer l'affectation de certaines « sélectionnées » pour le gaz.

Chaque geste du quotidien se transforme en acte de bonté. Pour chaque prisonnière, Mala trouve les mots justes. Elle réconforte celles qui sont désespérées, transmet des informations qui les aideront à résister, leur remet des lettres ou des photos de leurs proches. Animée par une force inaltérable, elle insuffle aux autres le courage de ne pas abandonner.

TÉMOIGNAGE

—

Louise Alcan, résistante et écrivaine française, survivante d'Auschwitz, doit son salut à Mala. Elle témoigne :

« *Sans elle, beaucoup d'entre nous ne seraient pas en vie. Pour ma part, elle m'a deux fois sauvé la vie dans les moments les plus dangereux que j'ai vécus à Birkenau, la première fois en me faisant sortir d'un* kommando *épuisant où nous travaillions dans les marais [...], la seconde fois en me renvoyant au travail, simplement en barrant sur une fiche "13 A", et en écrivant à la place "25 B".* »

Derniers instants avant la mort. Des femmes et des enfants « sélectionnés » marchent en direction des chambres à gaz.

Hiver 1943-1944, la rencontre

Au milieu de la cour, entre les baraquements des femmes, un prisonnier observe le va-et-vient des détenues. De haute stature, le jeune homme a un visage juvénile. Son uniforme rayé, usé, cache une carrure robuste. Ses épais sourcils soulignent un regard espiègle, celui de la jeunesse et de la fougue. L'homme grelotte. Car c'est l'hiver, ce long hiver, rude et glacial, qui ankylose tout le corps et qui engourdit l'esprit. Un hiver qui briserait la volonté de tout homme.

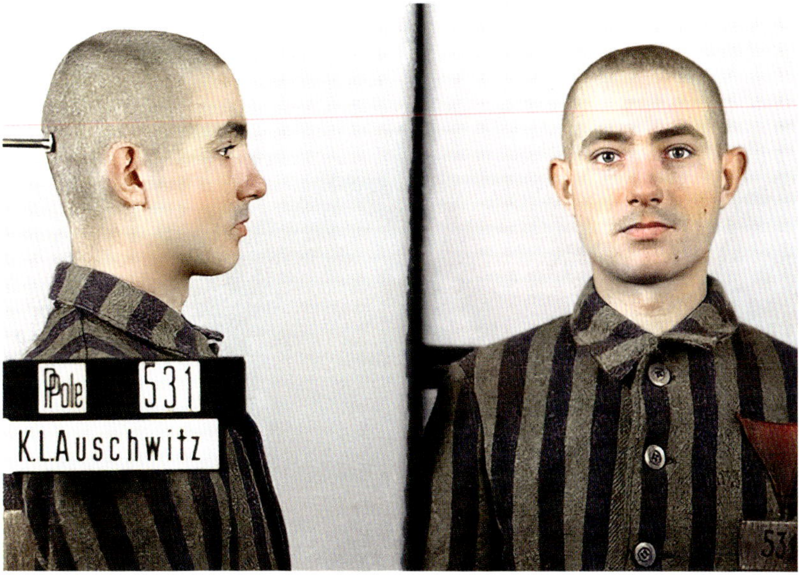

Edward Galiński est déporté le 14 juin 1940,
à l'âge de 17 ans, à Auschwitz.

Le garçon côtoie l'enfer d'Auschwitz depuis bien trop longtemps. Edward Galiński (surnommé « Edek ») est âgé d'à peine dix-sept ans lorsqu'au printemps 1940 il est déporté à bord du premier convoi de prisonniers politiques. L'étudiant catholique devient le prisonnier au matricule 531, l'un des tout premiers détenus du camp.

Ce matin, Edek est en visite dans le camp des femmes pour y effectuer des réparations. Soudain, son regard s'arrête sur une jeune prisonnière convenablement habillée et souriante. Un détail étrange l'interpelle : contrairement aux autres détenues, qui ont la tête rasée, elle a les cheveux longs. Des cheveux blonds, dorés et lumineux. Edek interrompt sa tâche pour la contempler. Son regard détaille le visage harmonieux de la jeune femme. Il est happé par le bleu profond de ses yeux. Un bleu perçant et envoûtant. C'est le coup de foudre.

À son tour, Mala est frappée par l'inconnu qu'elle vient d'apercevoir. Son image se grave dans son esprit et ne la quitte plus. Les deux jeunes gens, habilités à traverser les camps des femmes et des hommes, se retrouvent à plusieurs occasions. Rapidement, un profond amour naît entre eux. Un amour pudique et discret. Mala confie à une de ses codétenues : « J'aime et je suis aimée. » Quant à Edek, son meilleur ami Wiesław Kielar raconte : « Edek était amoureux. On pourrait penser que c'était impossible là-bas parmi les cheminées fumantes, d'autres penseraient que c'était dégoûtant. Mais la vie c'est la vie, et ils se voulaient. »

TÉMOIGNAGE

—

Fania Fénelon, prisonnière et membre de l'orchestre des femmes d'Auschwitz, assiste à plusieurs rendez-vous clandestins du couple. Elle relate :

« *Il leur arrive de se rencontrer dans notre* block *et, chaque fois, c'est un moment unique. Elle entre. Quelques instants s'écoulent. Il entre. Ils se regardent, viennent l'un à l'autre mais ne s'approchent pas l'un de l'autre, un mètre, deux les séparent, et cette distance semble les unir : ils ne se touchent pas, ne se parlent pas... Ils se regardent et tout s'enflamme... Leur amour, c'est un instant de la beauté du monde retrouvée.* »

Rendez-vous galant

Comme chaque dimanche, c'est le même rituel. Edek se lave soigneusement, rase de près sa barbe naissante et époussette ses vêtements. Il se fait beau. Sous l'œil complice de son ami Wiesław, un déporté arrivé en même temps que lui à Auschwitz, Edek se prépare pour son rendez-vous galant ! Les deux compères traversent l'allée principale du camp, aussi bondée que l'avenue d'un centre-ville, et se rendent près du camp des femmes. Tout à coup, Edek s'arrête net et donne un coup de coude à son ami.

– Regarde ! C'est elle ! Juste devant la cuisine.

Au loin, une jeune femme élancée, à la longue chevelure blonde flottant au vent, leur adresse des gestes enthousiastes. Pressé de retrouver Mala, Edek lance à son ami :

– On ne vit qu'une fois, mon vieux !

Soudain, l'atmosphère insouciante est rompue par l'arrivée de la SS Drexler. Un mouvement de panique s'empare des femmes. La gardienne se rue sur l'une d'entre elles, qui n'est autre que l'amante de Wiesław, et la roue de coups. Horrifiés par la scène à laquelle ils assistent, Edek et son ami sont contraints de rentrer à leur *block*.

L'incident ne freine pourtant pas l'amour naissant entre Mala et Edek. Bien au contraire. Les deux amants se retrouvent dans le plus grand secret dans différents lieux du camp, dont le sinistre *block* 30, le baraquement dédié aux expériences médicales. À l'abri des regards indiscrets et de la surveillance impitoyable des gardiennes, Edek et Mala profitent d'une intimité fragile. De cet amour flamboyant, qui porte et qui donne des ailes, naît le désir de réaliser l'impossible : s'évader d'Auschwitz.

« ILS SE REGARDENT ET TOUT S'ENFLAMME… LEUR AMOUR, C'EST UN INSTANT DE LA BEAUTÉ DU MONDE RETROUVÉE. »

Fania Fénelon

Début 1944, projet insensé

Edek s'approche de son ami Wiesław, un sourire en coin. Il invite son compagnon à s'asseoir à ses côtés et sort un curieux paquet de sa veste. Le jeune homme déballe discrètement l'objet et brandit une bouteille de schnaps ! Le bouchon saute, il boit une lampée et tend la flasque à son ami. D'un coup de coude, il l'encourage à l'imiter. Ce n'est pas la première fois qu'Edek et Wiesław partagent un instant d'ivresse clandestin. Les deux détenus ont tissé, dans l'enfer du camp, une amitié inébranlable. Après quelques gorgées, les esprits des deux damnés s'enflamment et leurs pensées divaguent. Désinhibés par l'alcool, les meilleurs amis se mettent en tête une idée qu'ils n'auraient jamais osé formuler sobres. Une idée fantasque, totalement dénuée de réalisme : s'évader d'Auschwitz !

Le projet insensé se concrétise dans les semaines qui suivent. Obsédé par son plan, Edek y pense jour et nuit. Lors de ses longues journées de travail, il dessine les contours du plan d'évasion. Les deux prisonniers estiment que leur meilleure chance est de s'enfuir déguisés en SS. Mais comment diable obtenir des uniformes ? Contre toute attente, un complice inattendu va voler à leur secours.

Edward Galiński et le SS Edward Lubusch dans l'atelier
de métallurgie d'Auschwitz entre 1942 et 1943.

Une aide inattendue

Le SS s'avance en titubant dans l'atelier et, sur son chemin, se retient à l'établi. Il a les yeux rouges, l'air hagard. Parvenu au centre de la pièce, il s'immobilise et fixe les détenus, qui ont posé leurs outils. Tous observent, incrédules, le gardien qui peine à tenir debout. Soudain, l'homme lève la main, se saisit de son calot floqué d'une aigle et d'une tête de mort, et se décoiffe. Il prend une grande inspiration, puis se lance :

– La Pologne n'a pas encore péri, tant que nous vivons !

Le SS chante à tue-tête, à s'en rompre les cordes vocales. Il entonne fièrement l'hymne national polonais, qui résonne dans le baraquement. Les déportés sont figés sur place. Certains ont le sourire aux lèvres, d'autres, la peur dans les yeux.

Le *Kommandoführer* SS Edward Lubusch a trop bu et ce n'est pas la première fois que cette scène se déroule. Le gardien, dont le père est allemand et la mère, polonaise, est aussi le responsable de l'atelier de serrurerie où travaille Edek. L'homme, qui a renié ses origines polonaises et qui s'est volontairement engagé dans la SS, est depuis 1941 en service à Auschwitz. Contrairement aux autres tortionnaires, qui s'acharnent sans relâche sur les prisonniers, il se montre clément. En ces temps inhumains, il est l'un des rares SS à garder une part d'humanité. Plutôt que de battre les prisonniers, il leur fournit des vêtements, s'assure qu'ils aient des portions de nourriture supplémentaires et des médicaments.

Ses supérieurs, qui réprouvent le comportement de cette nouvelle recrue, punissent souvent le jeune gardien. Ils l'envoient même dans un camp de redressement pour SS, bien décidés à aguerrir ce tendre agneau. Mais plus les sanctions sont sévères, plus la compassion de Lubusch envers les détenus augmente. Au fil du temps, le SS se lie d'amitié avec certains déportés, dont Edek. Les deux hommes deviennent même de vrais amis. En confiance, Edek prend le risque de lui révéler son plan d'évasion. Contre toute attente, Lubusch, séduit par le projet, décide de l'aider.

Le SS accepte de fournir au futur fugitif un uniforme et un pistolet en échange de marchandises dérobées dans les *blocks* dits Kanada (les entrepôts où sont triés les effets personnels des déportés gazés). Edek parfait le scénario de l'évasion : puisqu'il parle allemand, il incarnera un SS chargé d'escorter un prisonnier, son ami Wiesław, jusqu'à un *kommando* extérieur. Dans les semaines qui suivent, Edek et Wiesław se procurent deux paires de bottes auprès d'un déporté cordonnier du camp, et obtiennent également des vêtements civils.

Mais plus le temps passe, plus Edek se montre tendu et plus il se mure dans le silence. Wiesław devine que de sombres pensées tourmentent son ami. Un soir, Edek se confie : il ne peut envisager de s'évader sans Mala, l'idée d'être séparée d'elle est inimaginable ! Le simple fait de penser qu'un jour elle partagera le même sort que tous les autres Juifs l'anéantit. Il l'aime, il ne l'abandonnera jamais. Touché par la détresse de son camarade, Wiesław accepte que la jeune femme se joigne à eux. Les deux acolytes échangent une poignée de main vigoureuse : ils s'évaderont donc tous les trois !

Edek informe immédiatement Mala, qui est folle de joie ! Mais le temps presse, car une rumeur terrifiante circule : les SS ne vont pas tarder à exécuter tous les Juifs du camp. Toutefois, il manque encore la pièce maîtresse du plan d'évasion : un laissez-passer. Comment se procurer un document que seuls les SS possèdent ? C'est alors que Mala intervient. Avec l'aide d'une autre coursière, elle obtient le précieux sésame !

Printemps 1944

Au printemps 1944, plusieurs événements précipitent le départ des déportés. En mars, l'Allemagne nazie envahit la Hongrie. En l'espace de quelques mois, 434 000 Juifs hongrois arrivent à Auschwitz-Birkenau, la plupart sont aussitôt exterminés.

Mala assiste à l'arrivée en masse des Juifs hongrois et à l'assassinat des déportés. Chaque jour, 10 000 d'entre eux descendent des trains. Les quatre crématoires d'Auschwitz fonctionnent sans discontinuer. Lorsqu'ils tombent en panne, les SS n'hésitent pas à incinérer les corps à l'air libre, dans d'immenses bûchers. Les allées d'Auschwitz sont encombrées de colonnes interminables de victimes. À bout de nerfs, Mala supplie Edek de passer à l'action.

Une enfant et des femmes « sélectionnées » en route vers les chambres à gaz. Mai 1944.

Rattrapé par la raison, Wiesław fait volte-face au dernier moment et se confie à son meilleur ami. Il estime qu'une évasion à trois est trop dangereuse. Il se retire donc du projet, sans pour autant abandonner Edek. Jusqu'au dernier instant, il assiste le couple dans leurs ultimes préparatifs. Le samedi 24 juin 1944, tout est prêt.

NOTE HISTORIQUE

—

En juin 1944, les Alliés ont connaissance du processus d'extermination en cours à Auschwitz. Les témoignages précis de plusieurs déportés, qui ont réussi à s'évader du camp, confirment les intentions des nazis. Deux évadés slovaques, Rudolf Vrba et Alfred Wetzler, rapportent : « Ils se préparent pour l'extermination de tous les Juifs de Hongrie. C'est pour ça qu'ils ont construit de nouvelles chambres à gaz et qu'ils ont agrandi la rampe. J'ai entendu un officier dire qu'il n'en pouvait plus du fromage hollandais et qu'il avait hâte de voir arriver le salami hongrois. Il faut avertir le peuple hongrois de ce qu'il va se passer. »

Les Alliés, qui font pression sur les gouvernements slovaque et hongrois pour qu'ils cessent les déportations, choisissent de ne pas bombarder Auschwitz. Des difficultés techniques sont alors évoquées ainsi que la fin des déportations venant de Hongrie. Seul le complexe industriel IG-Farben, qui jouxte le camp d'Auschwitz-Monowitz, est visé lors de quatre raids d'août à décembre 1944.

24 juin 1944, 12 h 20, l'évasion

En cette fin de matinée, l'air est âcre, irrespirable. Les fours crématoires ne suffisent plus, d'immenses bûchers propagent leur fumée dans tout le camp. À cela s'ajoute la chaleur étouffante de ce début d'été. Le samedi, la garde est réduite. Accablés par la touffeur, les SS sont assoupis. Tout à coup, la Lagerstrasse, l'allée principale du camp de Birkenau, s'anime. Un prisonnier remonte l'artère et s'avance en direction du portail gigantesque, sous l'escorte d'un SS. Le gardien suit le détenu à bonne distance, d'un pas nonchalant, caractéristique des surveillants du camp. Le détenu est frêle, il ploie sous le poids du lavabo qu'il porte sur son épaule. Arrivé au pied du mirador, le SS hèle le garde de service et brandit son laissez-passer. La sentinelle prête à peine attention à la scène, d'une étonnante banalité, et ouvre le portail. En contrebas, le SS et le prisonnier franchissent l'enceinte du camp : Edek et Mala sont libres !

Quelques instants plus tôt, Edek s'était réfugié dans le *Kartoffelbunker*, la réserve à pommes de terre du camp. Il a troqué son costume rayé pour l'uniforme SS qu'il avait obtenu quelques mois auparavant. Après avoir attaché une ceinture et rangé un pistolet chargé de deux balles dans son étui, il quitte sa planque et rejoint Mala dans l'allée principale du camp. Edek a l'impression que sa poitrine va exploser. Son cœur bat de plus en plus fort et de lourdes gouttes de sueur dégoulinent dans son dos. Mala, elle, avance machinalement, tétanisée par la peur. Elle a revêtu une salopette et porte un lavabo sur l'épaule.

Au-delà du portail, c'est la liberté ! Mala et Edek s'enfuient vers le sud, en direction du village de Kozy. Pendant ce temps à Auschwitz, personne n'a encore remarqué leur disparition. C'est seulement le soir que les gardiennes se rendent compte que la détenue n° 19880 manque à l'appel. La sirène retentit dans l'enceinte du camp.

TÉMOIGNAGE

—

Wiesław Kielar, l'ami d'Edek, assiste à l'évasion du couple. Il raconte :

« *Je les suivis du regard sur peut-être 300 mètres [puis] des bâtiments les cachèrent à ma vue. [...] J'étais trempé de sueur, et mes jambes étaient en coton. [...] Je m'attardai encore quelques minutes. [...] La sirène resta silencieuse. [...] En regagnant mon block, j'entendis des bribes de conversation. Il n'était question que d'Edek et Mala. Leurs noms étaient devenus symboles de la liberté.* »

Douze jours

Le lendemain, le 25 juin 1944, les SS signalent l'évasion. Dans un télégramme secret, ils écrivent : « Zimetbaum s'est enfuie du camp de concentration d'Auschwitz le 24 juin 1944. Les recherches lancées immédiatement n'ont pas porté leurs fruits. Il est prié de poursuivre l'enquête et, en cas d'arrestation, de notifier immédiatement le camp de concentration d'Auschwitz. »

En cavale, le couple file droit vers la Slovaquie, située à seulement 50 kilomètres au sud. Pendant douze jours, Mala et Edek goûtent à la liberté. Mais le 6 juillet 1944, tout bascule. Les fugitifs arpentent les montagnes de Żywiec, à quelques encablures seulement de la frontière entre la Pologne et la Slovaquie. Affamée, Mala s'arrête à l'échoppe d'un village pour acheter un peu de nourriture. Au moment de payer, elle sort de sa poche de l'or subtilisé à Auschwitz. La monnaie, inhabituelle, éveille les soupçons d'un homme, qui dénonce immédiatement la jeune femme auprès de deux gardes-frontières allemands. Quelques instants plus tard, Mala est arrêtée !

Edek, qui assiste à la scène, a encore le temps de s'enfuir, mais il y renonce. Car les deux amoureux se sont juré de ne jamais se séparer. Fidèle à sa promesse, le jeune homme, toujours en tenue de SS, s'avance vers les deux gardes-frontières. Il se présente à eux et se rend. Le couple est arrêté sur-le-champ et envoyé dans la prison de Bielsko. Là-bas, les geôliers découvrent le tatouage sur l'avant-bras gauche de Mala. Formellement identifiés, les fugitifs sont renvoyés à Auschwitz.

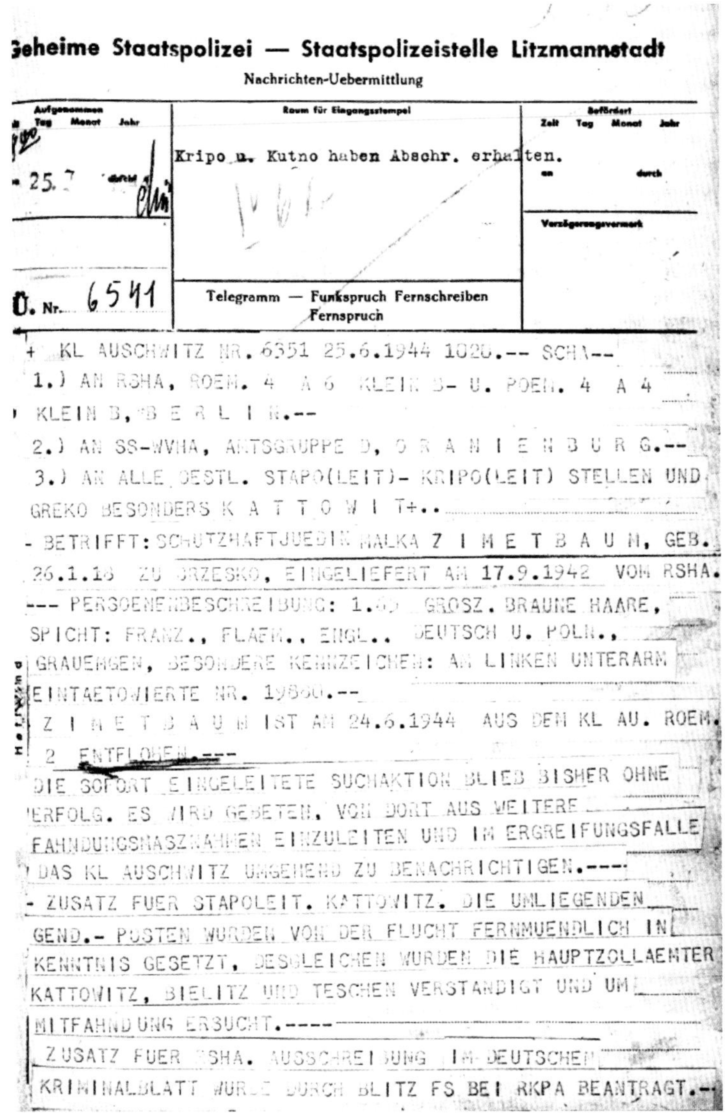

Geheime Staatspolizei — Staatspolizeistelle Litzmannstadt

Nachrichten-Uebermittlung

Aufgenommen Tag Monat Jahr	Raum für Eingangsstempel	Befördert Zeit Tag Monat Jahr
25.7 durch	Kripo u. Kutno haben Abschr. erhalten.	an durch
		Verzögerungsvermerk
O. Nr. 6541	Telegramm — Funkspruch Fernschreiben Fernspruch	

\+ KL AUSCHWITZ NR. 6351 25.6.1944 1020.-- SCHA--

1.) AN RSHA, ROEM. 4 A 6 KLEIN B- U. ROEM. 4 A 4 KLEIN B, B E R L I N.--

2.) AN SS-WVHA, AMTSGRUPPE D, O R A N I E N B U R G.--

3.) AN ALLE OESTL. STAPO(LEIT)- KRIPO(LEIT) STELLEN UND GREKO BESONDERS K A T T O W I T+..

\- BETRIFFT: SCHUTZHAFTJUEDIN MALKA Z I M E T B A U M, GEB. 26.1.18 ZU BRZESKO, EINGELIEFERT AM 17.9.1942 VOM RSHA.

--- PERSOENENBESCHREIBUNG: 1.60 GROSZ. BRAUNE HAARE, SPICHT: FRANZ., FLAEM., ENGL., DEUTSCH U. POLN., GRAUEAUGEN, BESONDERE KENNZEICHEN: AM LINKEN UNTERARM EINTAETOWIERTE NR. 19880.--

Z I M E T B A U M IST AM 24.6.1944 AUS DEM KL AU. ROEM. 2 ENTFLOHEN.---

DIE SOFORT EINGELEITETE SUCHAKTION BLIEB BISHER OHNE ERFOLG. ES WIRD GEBETEN, VON DORT AUS WEITERE FAHNDUNGSMASZNAHMEN EINZULEITEN UND IM ERGREIFUNGSFALLE DAS KL AUSCHWITZ UMGEHEND ZU BENACHRICHTIGEN.----

\- ZUSATZ FUER STAPOLEIT. KATTOWITZ. DIE UMLIEGENDEN GEND.- POSTEN WURDEN VON DER FLUCHT FERNMUENDLICH IN KENNTNIS GESETZT, DESGLEICHEN WURDEN DIE HAUPTZOLLAEMTER KATTOWITZ, BIELITZ UND TESCHEN VERSTANDIGT UND UM MITFAHNDUNG ERSUCHT.----

ZUSATZ FUER RSHA. AUSSCHREIBUNG IM DEUTSCHEN KRIMINALBLATT WURDE DURCH BLITZ FS BEI RKPA BEANTRAGT.--

Télégramme de la Gestapo notifiant la disparition d'Edek et Mala.

Galiński Edward + Mally Zimetbaum

Le long couloir est plongé dans la pénombre. Seule la pâle lumière jaune des ampoules dessine les contours des murs et des renfoncements. Un brouhaha constant s'échappe du sous-sol : le grincement des portes des cellules, le bruit des bottes des SS, les cris et les hurlements des prisonniers. Ici règne une atmosphère de terreur. À l'intérieur d'une cellule, deux camarades de misère partagent un minuscule espace. Voilà plusieurs semaines qu'Edek et Bolesław Staroń, un autre détenu, y sont enfermés.

Edek est affairé à griffonner d'étranges inscriptions sur les parois. Soudain, il se lève et se dirige vers la plaque de métal trouée qui sert de fenêtre. Il s'arrête, prend une inspiration et se met à chanter en italien la *Serenata Messicana*. Dans la quiétude de la nuit, la douce mélodie résonne dans les couloirs du sinistre baraquement. Stupéfait, Bolesław écoute en silence. Chaque soir, le mystérieux rituel se répète. Plus tard, le codétenu d'Edek racontera : « Je n'ai pas saisi à l'époque que c'était un signal pour prévenir Mala qu'il était encore en vie. »

À leur retour, Mala et Edek ont été envoyés au *block* 11 du camp de concentration d'Auschwitz I et enfermés dans des cellules séparées, au sous-sol. Le bâtiment, surnommé « le *block* de la mort », sert de prison. Les minuscules cellules sont parfois si étroites que les détenus peuvent seulement s'y tenir debout.

Débutent alors les séances d'interrogatoire, au cours desquelles les amants sont torturés. Les deux fugitifs sont interrogés sans relâche par la Gestapo, qui veut à tout prix connaître les noms de leurs complices et découvrir comment ils ont pu se procurer un uniforme SS et un pistolet. Mais Mala et Edek ne parlent pas. Dans un message secret que le jeune homme parvient à envoyer à son meilleur ami Wiesław, Edek le rassure : ils ne dénonceront aucun déporté, lui et le SS Lubusch n'ont rien à craindre. De son côté, Mala réussit à faire passer un billet à une détenue. Elle écrit : « Je sais ce qui m'attend, je suis préparée au pire. Sois courageuse et souviens-toi de tout... »

Malgré la torture, les amoureux ne plieront jamais. Un jour, lors d'un interrogatoire, Mala tient tête à son tortionnaire. Elle l'interrompt bravement :

– Nous savons pertinemment que vous gazez chaque année des centaines de milliers de personnes.

Le SS rétorque :

– Oui… nous nous débarrassons de ceux qui sont inaptes au travail… Mais qui a vu cela ?

– Moi-même et toutes celles dont les *blocks* se trouvent en face du four crématoire. Nous avons vu des femmes belles et jeunes, et des enfants, et des hommes robustes et bien portants. Ils entraient dans les chambres à gaz et, un quart d'heure plus tard, on jetait leurs cadavres dans les fosses enflammées, car les fours crématoires étaient surchargés.

Inscription gravée sur le mur de la cellule 20 du *block* 11.
Le graffiti mentionne le matricule et la date de capture de Mala et Edek.

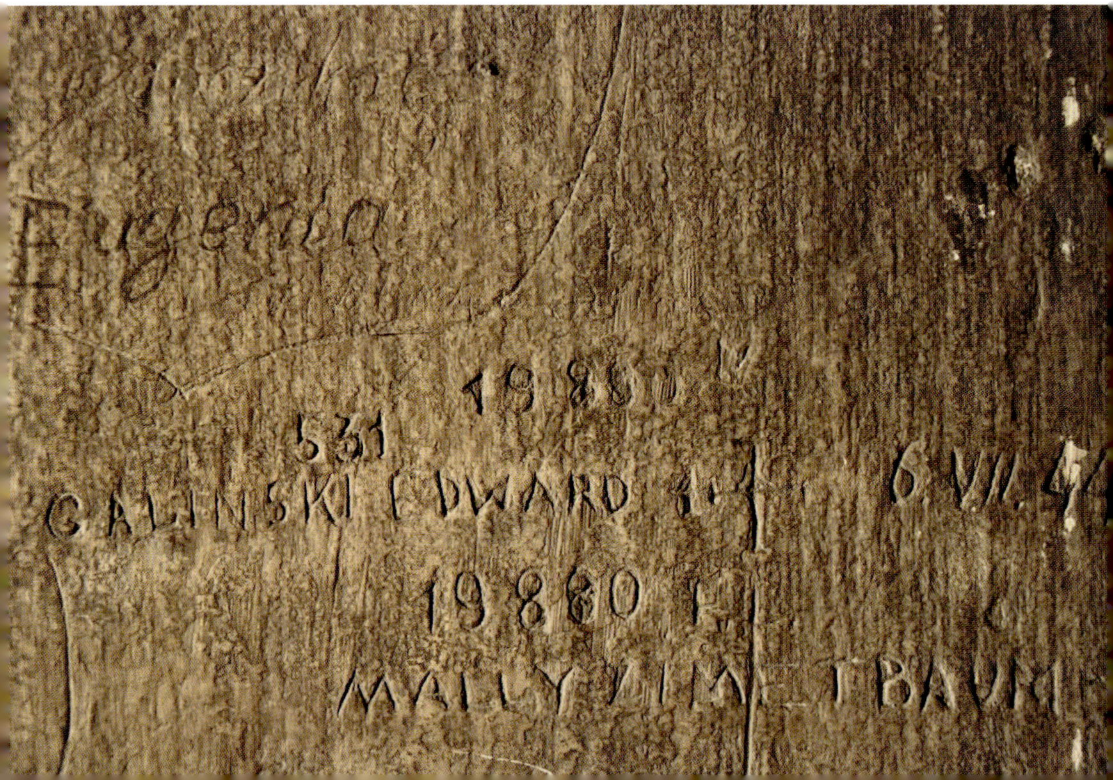

Un soir, Mala et Edek parviennent à se revoir une dernière fois. La rencontre dure une demi-heure. À son retour dans la cellule, Edek est effondré. La nuit qui suit, le jeune homme gratte inlassablement la paroi de sa cellule. Le lendemain matin, son codétenu découvre le portrait émouvant d'une jeune femme. Et dans le plâtre, une inscription a également été gravée : « 531, Galiński Edward + 19880, Mally Zimetbaum, 6.VII.44 ». Deux numéros, deux noms et une date pour immortaliser leur dernier instant de bonheur.

15 septembre 1944, l'exécution

Le ciel s'embrase. Les rayons dorés du soleil ont laissé place aux lueurs rouges du crépuscule. Un rouge sang. Les déportées attendent dans le silence la fin de l'appel. Soudain, des beuglements résonnent entre les *blocks*. Les ordres fusent : vite ! Toutes les Juives doivent rejoindre la Lagerstrasse ! Les milliers de femmes s'exécutent. Le flot continu des détenues avance dans l'artère. Les regards inquiets se croisent, le désespoir se lit sur les visages, une terreur abyssale envahit les femmes. Sont-elles appelées à la mort ? Vont-elles toutes marcher vers les chambres à gaz ? Finalement, les prisonnières sont massées sur la place centrale du camp, alignées par rang. Au centre, une potence a été érigée. La commandante du camp s'avance lentement. Le « spectacle » va commencer.

Personne ne bouge, chacune retient son souffle, pétrifiée par le désespoir qui saisit à la gorge. Soudain, Mala apparaît. La Belge est de retour dans le camp. Un immense frisson secoue l'assemblée, en même temps qu'une tristesse infinie s'abat sur toutes les femmes. Mala monte sur l'échafaud, les bras liés dans le dos. Un SS s'avance et débute la lecture de la sentence. Mais brusquement, un éclat métallique jaillit. Alors que le gardien débite le jugement, Mala se défait de ses liens, porte une main à ses cheveux, en extirpe une lame et se taille les veines. Jusque dans la mort, elle a choisi de rester libre. Furieux, un SS se rue vers la condamnée et lui tord le bras. La rage au ventre, Mala lui assène une puissante gifle ensanglantée. D'autres SS se précipitent, la renversent, la piétinent, la ruent de coups et lui posent un garrot. Ils la veulent vivante ! Puis ils jettent la condamnée dans une brouette et ordonnent à deux infirmières de la conduire aux fours crématoires afin qu'elle y soit brûlée vive. Mala meurt sur le chemin vers le *Krematorium*.

Au même moment, dans le camp des hommes, Edek est condamné à mort par pendaison. L'exécution publique a également lieu devant tous les déportés du camp. Alors que la sentence est mise en œuvre par un SS, Edek hurle d'une voix éraillée :

– Vive la Pologne !

Il n'a pas le temps de terminer sa phrase. Le bourreau arrache le tabouret et Edek pend au bout de la corde. Wiesław, qui assiste à l'exécution de son ami, est effondré. Dans un élan solidaire et spontané, un déporté crie de se découvrir. Au péril de leur vie, des milliers d'hommes rendent un dernier hommage à Edek.

TÉMOIGNAGE

—

Suzanne Birnbaum, déportée juive, est témoin de l'exécution publique de Mala. Elle raconte :

« *En pensant à Mala, un frisson nous secoue, une peine infinie, une grande détresse de ne pouvoir rien faire pour elle, pour la sauver, elle qui a tant fait pour nous. […] Pauvre Mala, notre grande, bonne, chic et courageuse Mala ! Nous pleurons presque toutes, remuées par cet horrible drame. Sauvages, bande de sauvages, comment oser faire cela ?! On voudrait crier, hurler, frapper, et on reste là, impuissantes, navrées, anéanties.* »

Les mèches de cheveux d'Edek et de Mala. Cette relique exceptionnelle a été offerte par Wiesław Kielar le 29 janvier 1968 au musée d'Auschwitz-Birkenau.

Épilogue

Peu de temps après l'exécution publique, Wiesław reçoit un paquet de la part du doyen du camp. Il s'agit des reliques qu'Edek lui a confiées avant sa mort, avec pour mission de les transmettre à son père – si Wiesław s'en sort vivant. Lorsqu'il ouvre le paquet, il découvre un fragment de papier sur lequel sont inscrits les noms d'Edek et de Mala, leurs numéros de détenus, et deux mèches de cheveux, l'une courte, l'autre plus longue et dorée.

Wiesław survit à la guerre. Pour ne rien oublier, il consigne ses quatre années et demie passées à Auschwitz dans un livre. Il y relate l'enfer du camp, la mort qui rôde à chaque instant, mais aussi la résilience, l'espoir et surtout son amitié inébranlable avec Edek.

Wiesław Kielar, codétenu et ami d'Edek, en 1978.

De son côté, le SS Edward Lubusch, qui craint que sa complicité ne soit démasquée, déserte Auschwitz. Il ne reviendra plus jamais au camp. Arrêté par la Gestapo à la fin de l'année 1944, alors qu'il rend visite à sa femme et son enfant, il est transféré dans une prison à Berlin. Puis il est condamné à mort. Néanmoins, les SS n'ont pas le temps d'exécuter la sentence. Berlin est à feu et à sang. Profitant du chaos général, l'homme s'enfuit. En mars 1945, alors en pleine cavale, il vole un uniforme et des papiers d'identité sur la dépouille d'un soldat polonais. Edward Lubusch n'est plus, Bronisław Żołnierowski est ressuscité. Après la guerre, les SS employés dans les camps de concentration nazis sont traqués, jugés et exécutés. Le nom de Lubusch figure sur les listes des gardiens recherchés. Edward vivra pendant trente-neuf ans sous son nouveau patronyme, jusqu'à sa mort, dans la peur constante que sa véritable identité ne soit découverte.

L'histoire tragique de Mala et d'Edek a longtemps fait partie des récits oubliés de la guerre. Pourtant, les deux amoureux ont profondément marqué de leur empreinte l'histoire d'Auschwitz. Tous ceux qui les ont croisés gardent en eux le souvenir d'une jeune femme et d'un jeune homme aimants, brillants, dotés d'un courage inouï, qui ont osé s'ériger contre la barbarie nazie.

L'héroïsme que Mala partage avec son compagnon, c'est aussi celui, malgré la torture, de ne pas avoir donné de noms. Jusqu'au bout, ils n'ont pas parlé… sauf pour se dresser face à leurs bourreaux.

« J'ESPÈRE QU'UN JOUR QUELQU'UN DIRA TOUT CE QUE MALA A FAIT À BIRKENAU. SA VIE AU CAMP COMME SA MORT DOIVENT ÊTRE UN EXEMPLE. ELLE A FAIT AUTANT DE BIEN QU'ELLE A PU, ELLE A RISQUÉ LE TOUT POUR LE TOUT ET ELLE EST MORTE EN INSULTANT SES ASSASSINS.

NOUS NE L'OUBLIERONS JAMAIS. »

Louise Alcan, déportée à Auschwitz le 3 février 1944

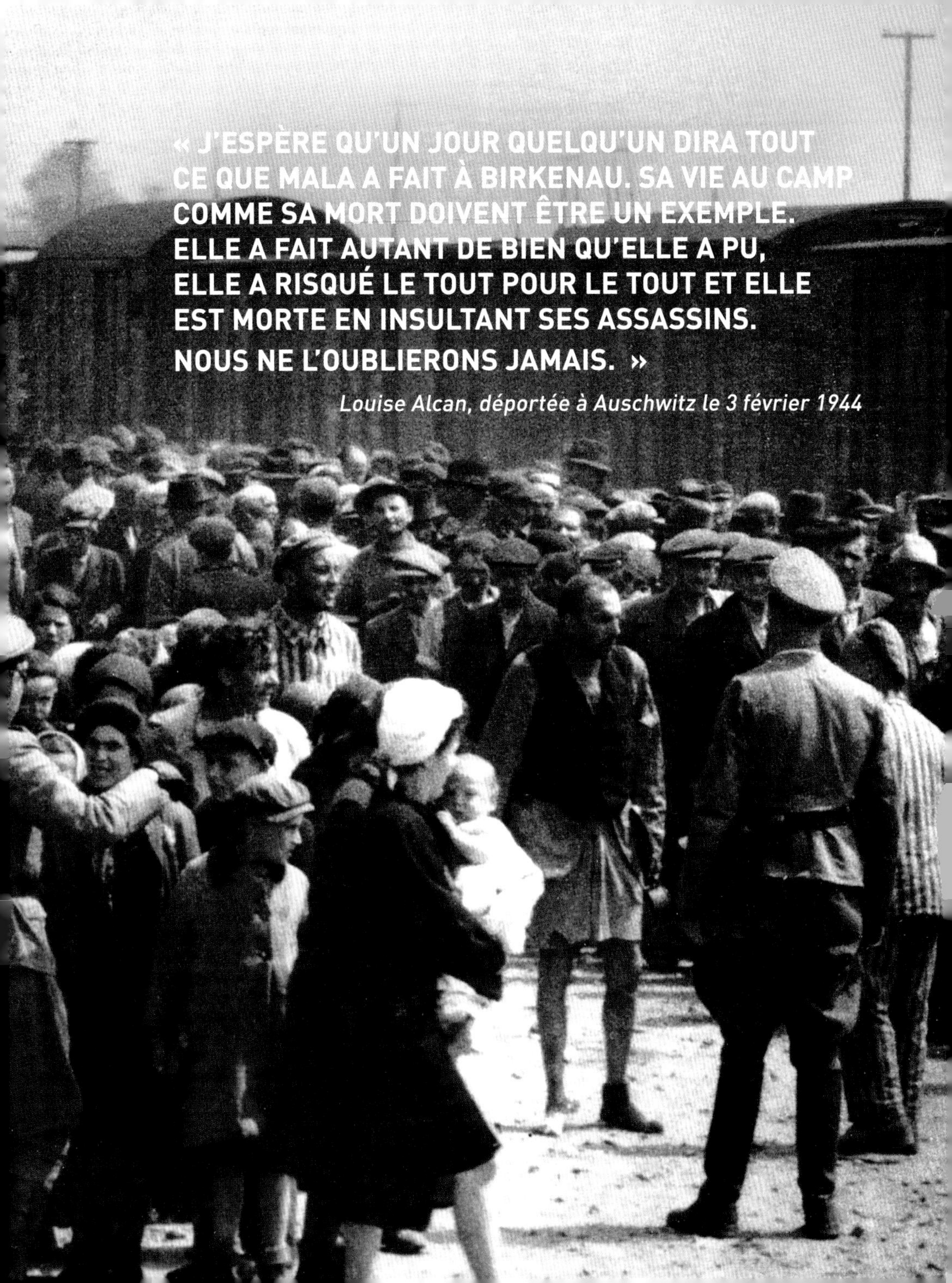

CHAPITRE II

L'HOMME QUI A FAILLI TUER ADOLF HITLER, À TREIZE MINUTES PRÈS

—

Le 8 novembre 1939, une bombe explose dans une célèbre brasserie de Munich, à quelques pas de l'estrade sur laquelle se tenait Hitler à peine treize minutes plus tôt. Mais le plus surprenant : l'attentat manqué est l'œuvre d'un citoyen allemand qui n'appartient à aucun réseau et a fomenté, tout seul, l'extraordinaire machination ! Voici l'histoire de Georg Elser, résistant singulier – héros de l'ombre, qui a failli faire basculer le cours de l'Histoire.

CONTEXTE HISTORIQUE

—

Le 30 janvier 1933, Adolf Hitler est nommé chancelier de l'Allemagne. Porté par la promesse de rendre à son pays sa grandeur et sa fierté perdues, le Führer, à qui le Parlement octroie au mois de mars suivant les pleins pouvoirs, transforme l'Allemagne en un État totalitaire au service de l'idéologie nazie. Pour Hitler, le IIIe Reich doit devenir un nouvel empire basé sur la force et rassemblant toutes les populations germanophones. Tous les pans de la société allemande sont mis à contribution. Les ouvriers sont réquisitionnés pour de grands projets d'infrastructures et les entreprises du complexe militaro-industriel œuvrent à plein régime au réarmement du pays.

Dès son arrivée au pouvoir, Adolf Hitler met en route sa machine infernale. En mars 1936, la Wehrmacht, l'armée allemande, se déploie en Rhénanie, une région démilitarisée de l'ouest de l'Allemagne, frontalière de la Belgique et de la France. L'opération, qui constitue une violation ouverte du traité de Versailles, signé en juin 1919 au terme de la Première Guerre mondiale, ne provoque pourtant aucune réaction. Deux ans plus tard, le 12 mars 1938, l'armée allemande entre en Autriche. C'est l'Anschluss, « le rattachement » : Adolf Hitler annexe son pays natal.

Mais cela ne suffit pas à étancher la soif de conquête et de grandeur du Führer. Quelques mois plus tard, en septembre 1938, le despote dénonce l'oppression des Sudètes, peuple germanophone en Tchécoslovaquie, et exige l'annexion du territoire qu'ils occupent.

Pour éviter que le Vieux Continent ne s'embrase à nouveau, Chamberlain et Daladier, respectivement Premiers ministres britannique et français, ainsi que le dictateur italien Benito Mussolini rencontrent en urgence Hitler à Munich les 29 et 30 septembre 1938. Traumatisés par les horreurs de la Première Guerre mondiale, les gouvernements français et britannique plient face aux exigences d'Adolf Hitler. Les accords de Munich sont signés. Sans la présence du gouvernement tchécoslovaque, les frontières du pays sont redessinées et une grande partie de son territoire est rattaché à l'Allemagne. La paix semble sauvée.

Le 3 octobre, quelques jours avant l'entrée en vigueur du traité qu'il vient de signer, Adolf Hitler fait une entrée triomphante dans les Sudètes. Rien ne semble entraver les ambitions du dictateur ! C'est le début d'une dangereuse escalade dont l'issue paraît inéluctable : le déclenchement d'une nouvelle guerre mondiale.

Georg Elser, citoyen du sud de l'Allemagne, suit avec inquiétude l'enchaînement des événements. L'homme, âgé de trente-cinq ans, travaille comme ouvrier dans une usine métallurgique. Il en est convaincu : Adolf Hitler veut la guerre. L'idée est révoltante. Ce sera, à coup sûr, un bain de sang ! Comment empêcher la catastrophe imminente ? Pour sauver l'Allemagne, une seule solution lui apparaît, aussi insensée qu'évidente : assassiner Adolf Hitler.

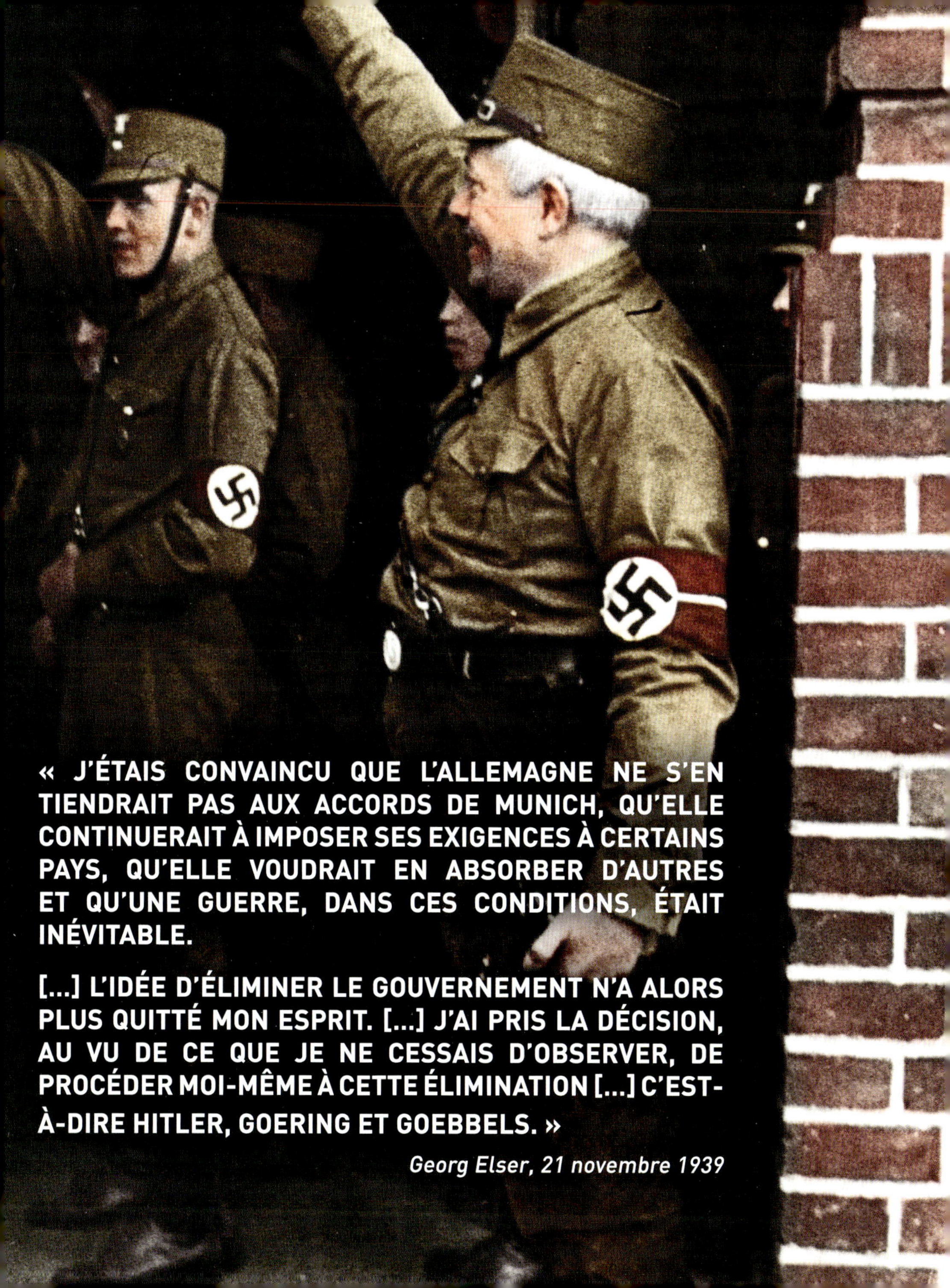

« J'ÉTAIS CONVAINCU QUE L'ALLEMAGNE NE S'EN TIENDRAIT PAS AUX ACCORDS DE MUNICH, QU'ELLE CONTINUERAIT À IMPOSER SES EXIGENCES À CERTAINS PAYS, QU'ELLE VOUDRAIT EN ABSORBER D'AUTRES ET QU'UNE GUERRE, DANS CES CONDITIONS, ÉTAIT INÉVITABLE.

[...] L'IDÉE D'ÉLIMINER LE GOUVERNEMENT N'A ALORS PLUS QUITTÉ MON ESPRIT. [...] J'AI PRIS LA DÉCISION, AU VU DE CE QUE JE NE CESSAIS D'OBSERVER, DE PROCÉDER MOI-MÊME À CETTE ÉLIMINATION [...] C'EST-À-DIRE HITLER, GOERING ET GOEBBELS. »

Georg Elser, 21 novembre 1939

8 novembre 1938, un projet insensé

Sous les lumières crues des éclairages publics d'une avenue, un homme avance seul. Grand manteau noir et chapeau qui lui mange le visage, la silhouette se faufile discrètement entre les rues de la ville. Le long des artères, d'innombrables flambeaux projettent leurs ombres vacillantes sur les bâtiments. Par-dessus les toits, les drapeaux rouge vif du IIIe Reich claquent et ondulent dans le vent. Munich s'est parée de ses plus beaux atours : le Führer est attendu ce soir !

L'individu au visage fin, aux sourcils broussailleux et au regard perçant poursuit son chemin. À une intersection, il marque un arrêt. Après quelques instants d'hésitation, il se retourne et interpelle timidement des passants :

– Hé ! Je cherche le Bürgerbräukeller, pouvez-vous m'aider ?

Georg Elser est en voyage à Munich. Quelques jours plus tôt, en lisant le journal, il a découvert l'affiche du rassemblement qu'Hitler et ses fidèles organisent chaque année au Bürgerbräukeller, une brasserie emblématique de Munich. Sans attendre, Georg a acheté un billet de train, bien décidé à assister à l'événement.

Alors qu'il s'engouffre dans le cœur de la ville, un murmure sourd lui parvient, qui se mue bientôt en une véritable clameur. Plus de doute, il approche de sa destination ! Immédiatement, il presse le pas, remonte la Hochstrasse jusqu'au croisement avec la Rosenheimer Strasse où il est stoppé net dans son élan. Devant lui, une foule compacte de badauds se presse et se bouscule. Tous sont à l'affût du moindre signe, du moindre geste. Ils n'ont en tête qu'un seul espoir : l'apercevoir, lui ! Leur idole ! Le Führer.

Tous… sauf un. Car Georg n'est ni un fanatique du nazisme ni encore moins un admirateur d'Adolf Hitler. Bien au contraire ! L'homme, qui n'appartient à aucun réseau, est animé par deux passions, la menuiserie et la musique folklorique. S'il a fait le voyage à Munich, ce n'est pas pour rendre hommage au Führer. C'est parce qu'il a peur, et surtout parce qu'il veut agir. Mais comment ?

C'est à la fois timide et déterminé qu'il passe sous le portail encore illuminé du prestigieux temple bavarois, à contre-courant de la foule, désormais clairsemée, qui quitte les lieux.

Vers 23 heures, Georg pénètre enfin dans le Bürgerbräukeller. L'effervescence qui régnait sur place s'est déjà dissipée. Adolf Hitler a quitté les lieux et les employés de l'établissement s'affairent à remettre de l'ordre dans le hall. Mais qu'importe, Georg vient en repérage. Faisant mine de flâner, il traverse le vestiaire, pénètre dans la grande salle des fêtes et s'arrête en plein milieu. L'ouvrier scrute attentivement les moindres détails de la scène. Du regard, il prend la mesure de la vaste pièce, enregistre dans son esprit les drapeaux nazis accrochés aux murs, le balcon, la galerie, les piliers, et surtout l'estrade sur laquelle se tenait le Führer quelques instants plus tôt. Les pensées se bousculent. Et si c'était ici ? Ici qu'il réaliserait son plan ? Ici qu'il mettrait fin au règne d'Hitler et des nazis ?! C'est le déclic ! À partir de cet instant et pendant un an, jour pour jour, Georg Elser va consacrer chaque heure de sa vie à un seul et unique projet : éliminer Adolf Hitler.

NOTE HISTORIQUE

—

La brasserie Bürgerbräukeller, haut lieu incontournable de la vie bavaroise, a été le théâtre d'un coup d'État manqué. Quinze ans plus tôt, le soir du 8 novembre 1923, les dirigeants bavarois y prononcent un discours quand tout à coup Hitler et ses lieutenants font irruption dans la salle ! Le dirigeant du tout jeune parti national-socialiste des travailleurs allemands tente de renverser le pouvoir. L'opération est un échec ! Le putsch tourne au fiasco et les meneurs sont arrêtés. Adolf Hitler écope d'une peine de cinq ans de détention, dont il ne purge que neuf mois à la prison de Landsberg. Il met à profit sa captivité pour rédiger *Mein Kampf*, « Mon combat », ouvrage fondateur du nazisme. Après son accession au pouvoir en 1933, c'est au Bürgerbräukeller qu'Hitler commémore, tous les 8 novembre, le putsch raté de 1923.

Un ouvrier comme les autres

Rien ne prédestinait Johann Georg Elser à inscrire son nom dans l'Histoire. L'homme naît le 4 janvier 1903 à Hermaringen dans le sud de l'Allemagne. Il grandit dans une famille modeste, qui survit grâce à une exploitation agricole. Dès son plus jeune âge, Georg est d'un naturel discret et solitaire. Malgré des résultats scolaires moyens, le jeune Allemand se distingue en arithmétique et en dessin. Il se révèle très méthodique et surtout très doué de ses mains. Durant son temps libre, il s'évade à quelques dizaines de mètres seulement de la maison familiale, dans un hangar transformé en atelier. C'est là qu'il bricole, répare des outils et invente des machines.

Georg est bien décidé à devenir artisan. Il est menuisier et horloger. Mais, dans les années 1930, la situation économique est marquée par une crise importante. Le jeune homme est contraint de se contenter d'un emploi de magasinier dans l'usine métallurgique de sa ville. Ouvrier discret et sans histoire, Georg se résigne à un quotidien banal, réglé comme du papier à musique. Chaque matin, il parcourt à vélo les quelques kilomètres qui le séparent de son travail. Puis, inlassablement, il réceptionne, enregistre et transfère les colis. Chaque midi, il commande le même plat du jour dans la même auberge qui jouxte l'usine. Et, à la fin de la journée, il emprunte exactement la même route pour rentrer au domicile de ses parents.

Georg Elser et ses amis en 1936.

Mais un grain de sable vient enrayer la machine bien huilée de sa vie paisible. La montée du nazisme et la prise de pouvoir d'Adolf Hitler préoccupent Georg. Malgré son jeune âge, il ne se laisse pas berner par la propagande des nazis. Au contraire, il rejette les discours idéologiques enflammés du Führer et son désir brûlant de revanche. Son voyage à Munich le 8 novembre 1938 le convainc de passer à l'action. Il considère que c'est son devoir de citoyen de se dresser contre Adolf Hitler et le régime nazi, et notamment contre la guerre. Dans le plus grand secret, il commence alors à échafauder son plan.

Début 1939, projet d'attentat

L'air glacial de l'hiver fouette son visage. Les maisons défilent les unes après les autres. Georg pédale énergiquement le long de la route principale, impatient de rentrer chez lui. Quelques kilomètres encore, il aperçoit enfin la silhouette de la modeste bâtisse familiale. Il enjambe le cadre de son vélo, saute à terre, le fait rouler sur quelques mètres et le pose contre la façade du domicile. Georg entre, salue brièvement sa mère et son frère, se sert un verre d'eau, puis se précipite dans le grenier. La porte claque ; le voilà seul dans sa chambre. La pièce sombre, mansardée, est sobrement meublée. Sur le mur du fond est adossée une penderie. Georg l'ouvre, soulève un linge et s'empare d'un mystérieux paquet en papier posé au pied du meuble. À l'intérieur, des dizaines de pastilles noires granuleuses et poussiéreuses s'entassent. L'homme plonge délicatement ses mains noircies dans ses poches et en sort une nouvelle poignée de poudre noire. Prudemment, il la dépose au fond de la caisse, puis range soigneusement son trésor. Depuis plusieurs semaines, Georg subtilise de la poudre explosive dans la réserve de son usine. Il ne sait pas encore comment il va l'utiliser, mais il en est persuadé, elle lui servira.

Georg se met à faire les cent pas. Depuis des semaines, son projet d'attentat l'obnubile. Comment va-t-il bien pouvoir, à lui tout seul, éliminer le Führer et ses ministres ? L'ouvrier fouille dans sa mémoire, ravive ses souvenirs. Il revoit le Bürgerbräukeller, la salle immense richement décorée, la petite galerie, le pupitre d'Adolf Hitler surmonté de ses micros et, enfin, l'épais pilier sur lequel repose une partie de l'édifice. Après un instant de flottement, Georg s'installe à son bureau, s'empare de ses crayons et se met à dessiner. Il esquisse d'abord de vagues croquis, trace les premiers traits d'une maquette, puis établit un schéma. Au fur et à mesure de ses ébauches, le plan prend forme. Brusquement, il repose ses crayons et se redresse, fiévreux. Ça y est. Il le tient.

Le 8 novembre prochain, dans neuf mois, Georg fera sauter le Bürgerbräukeller à l'aide d'une bombe à retardement. L'engin, une boîte en bois bourrée d'explosifs et programmée à l'avance grâce à un ingénieux mécanisme d'horlogerie, sera dissimulé à l'intérieur de la colonne derrière l'estrade. L'heure fatidique : 21 h 20, en plein milieu du discours d'Adolf Hitler. Ainsi, le Führer mourra sur le coup, tout comme ses plus fidèles dignitaires rassemblés autour de lui.

Sous la charge écrasante de la tâche et l'ampleur des répercussions s'il vient à échouer, Georg tressaille. Convaincu de la nécessité impérieuse de son acte, il n'en est pas moins un homme, saisi par l'effroi. Il souhaite la paix à tout prix, mais est-il réellement prêt à en assumer les conséquences ? À tuer des criminels, certes, mais également à risquer la vie d'innocents ? Après quelques instants d'errance, il se reprend. La peur est mauvaise conseillère. Il ne faut pas y céder. Il en va de la réussite de l'entreprise. Au contraire, il faut garder les idées claires et se concentrer sur tous les détails du projet. C'est ainsi qu'il balaie ses dernières réticences. Il raconte : « Lorsque la forme approximative de l'engin a été claire dans mon esprit, j'ai constaté qu'il était indispensable que je connaisse les dimensions exactes de la colonne où je souhaitais l'installer. Je suis donc retourné à Munich. »

Georg, son frère, ses sœurs et sa mère, devant la maison familiale en 1910.

Adolf Hitler lors d'un rassemblement
au Bürgerbräukeller à Munich en 1935.

4 avril 1939, repérages au Bürgerbräukeller

Le projet d'attentat de Georg requiert à la fois audace et sang-froid, mais par-dessus tout un plan millimétré. Calculateur et méticuleux, le jeune homme a décidé de ne rien laisser au hasard. Chaque détail doit être analysé, chaque possibilité étudiée avec le plus grand soin. C'est pourquoi, le 4 avril 1939, après avoir démissionné de son poste à l'usine, il retourne à Munich.

Georg pousse la porte du Bürgerbräukeller et entre d'un pas léger dans la brasserie. Son appareil photo en bandoulière, le prétendu touriste déambule avec flegme dans l'établissement, puis se dirige discrètement dans la galerie qui surplombe le hall principal. Bonne surprise : la salle est vide. Georg se saisit de son crayon et note discrètement tous les détails dans son carnet. Il quadrille les lieux, observe attentivement les moindres recoins. De temps en temps, il jette furtivement un regard autour de lui, afin de vérifier que personne ne le surveille. Rassuré, il descend et se dirige vers l'estrade où trônera le pupitre d'Adolf Hitler.

Georg s'arrête devant l'imposant pilier qui lui fait face. L'ouvrage, massif, s'élève sur plusieurs mètres jusqu'au plafond. Georg s'approche de la colonne, effleure la structure et s'agenouille à sa base. Dans l'ombre, il sort un mètre et le déplie. Il mesure rapidement le support, griffonne quelques notes dans son calepin, puis fait disparaître le tout dans sa poche. Il se relève, recule, s'assure au préalable qu'il est toujours seul dans la salle, puis photographie le pilier.

Dernier repérage dans la brasserie : Georg rejoint la salle de restaurant de l'établissement. Pour ne pas éveiller les soupçons des employés, il commande un repas qu'il mange sur place. Rassasié, il quitte enfin les lieux.

Pendant une semaine, il revient chaque jour au Bürgerbräukeller et reproduit les mêmes gestes. Méticuleusement, il observe, note, dessine et mesure. Au terme de huit jours de ce scénario répété et millimétré, la première étape du plan est terminée. Il peut alors passer à la phase suivante : la fabrication de la bombe. Il reste à se procurer tous les matériaux nécessaires et à mettre au point le dispositif.

Mai 1939, carrière de Königsbronn

Lorsqu'il fait l'inventaire des matériaux dont il a besoin, Georg se rend bien vite compte que les quelques pastilles de poudre volées à son ancienne usine sont loin de suffire pour faire voler en éclats la robuste colonne du Bürgerbräukeller. Pour satisfaire ses besoins en poudre noire, Georg ne voit qu'une seule solution : troquer sa casquette de magasinier contre celle de mineur. Ni une ni deux, il se présente un matin à l'entrée de la carrière de Königsbronn. Par chance, il se voit immédiatement confier un emploi dans la mine.

Le travail est épuisant et ennuyeux, mais peu importe ! Derrière son chariot, l'apprenti mineur observe du coin de l'œil la façon dont les ouvriers manipulent les charges explosives, les relient entre elles et déclenchent les déflagrations. Il guette les moindres faits et gestes du contremaître de la carrière, seul employé habilité à sortir les précieux bâtonnets de leur entrepôt. Intrigué, Georg constate que son supérieur, peu rigoureux, transporte souvent plus de cartouches que nécessaire et qu'il a une fâcheuse tendance à les laisser traîner. L'occasion est trop belle ! Faire voler en éclats le Bürgerbräukeller nécessite de puissants explosifs : les voilà servis sur un plateau d'argent ! Mais quelques cartouches ne suffiront pas. L'explosion devra être puissante, d'envergure. Après quelques jours de réflexion, Georg décide de passer à l'acte.

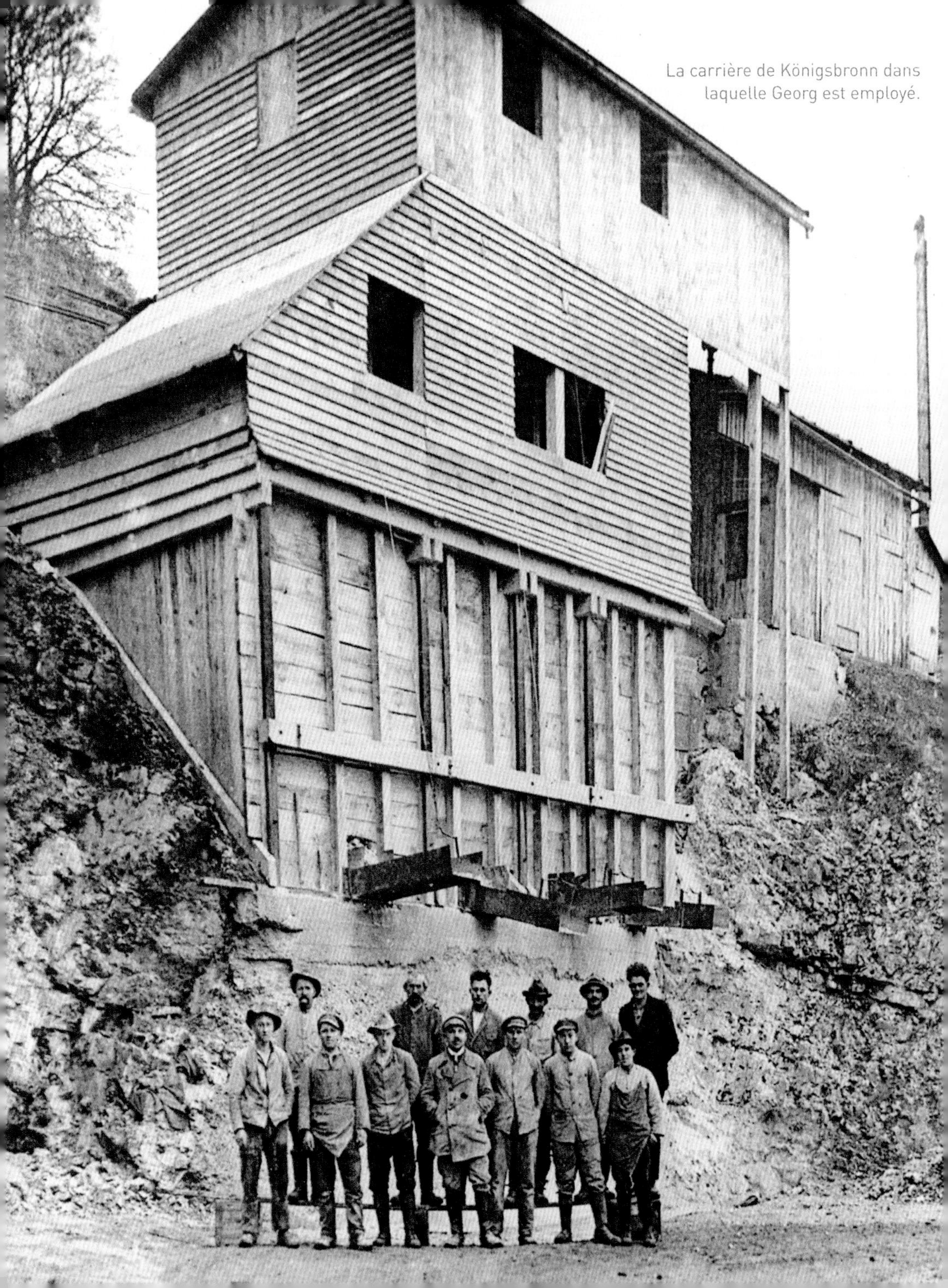

La carrière de Königsbronn dans laquelle Georg est employé.

Cent cinq cartouches d'explosifs

Le ciel se teinte des dernières lueurs du crépuscule. L'air, encore doux, embaume l'atmosphère. L'agitation qui règne habituellement dans la carrière a laissé place à un calme plat. Tout à coup, une ombre se faufile dans l'obscurité ! Le visage entièrement dissimulé derrière une capuche, l'intrus glisse en silence entre les baraquements, vers un cabanon en béton : la réserve à poudre. Une lampe torche s'allume et un faisceau troue la nuit et éclaire brièvement le réduit. La porte de métal habilement déverrouillée, la silhouette disparaît à l'intérieur en un clin d'œil. Dans la réserve, d'innombrables caisses en bois et en fer-blanc s'entassent pêle-mêle. Un léger sourire de satisfaction se dessine sur le visage du cambrioleur. Georg baisse sa capuche et se met rapidement au travail. La disposition anarchique des marchandises est une aubaine : le risque que le contremaître s'aperçoive de l'ouverture de quelques caisses est infime ! Georg s'empare de quelques cartouches d'explosifs et de plusieurs boîtes de détonateurs. Mission accomplie ! Sans perdre de temps, son butin caché dans un sac suspendu à son épaule, Georg quitte la réserve et, sans bruit, referme prudemment la porte. Puis il disparaît, avalé par la nuit.

Après plusieurs autres infiltrations nocturnes, Georg dispose d'un stock impressionnant : cent cinq cartouches d'explosifs et plus d'une centaine de détonateurs. Largement assez pour dévaster le Bürgerbräukeller !

Une convalescence studieuse

Soucieux de protéger son entourage et de se consacrer pleinement à la fabrication de sa bombe artisanale, Georg quitte le domicile familial. Contre une bouchée de pain, il loue une cave dans une ville voisine. Les propriétaires du cellier voient leur nouveau locataire débarquer avec une ribambelle d'outils et de matériaux. Intrigués, ils l'interrogent sur ses activités. Pour couper court aux soupçons, Georg leur explique sa passion pour les inventions. Il prétend travailler à la conception de nouvelles machines. Ses hôtes accueillent avec intérêt ce locataire ingénieux. Leur curiosité croissante contraint néanmoins Georg à redoubler de prudence.

Le génial inventeur confectionne une grande malle à double-fond où il dissimulera sa bombe. Ainsi, rien ne laisse penser que sur l'établi encombré de la cave de la petite bourgade de Schnaitheim se joue peut-être l'avenir de l'Allemagne.

À l'abri des regards indiscrets, Georg peut enfin s'atteler à la fabrication de son engin explosif. Curieusement, c'est une mésaventure qui va lui permettre de se consacrer entièrement à ses activités clandestines. À la mi-mai 1939, il est victime d'un accident de travail à la carrière : une lourde pierre lui écrase le pied. Mis au repos pendant neuf semaines, il a tout le temps qu'il lui faut pour mettre au point la bombe.

Georg profite de cette convalescence studieuse pour concevoir ses premiers prototypes. Il esquisse des croquis, dessine des plans et peaufine sa machine infernale. La construction peut enfin commencer. Mais le jeune homme, qui n'a jamais fabriqué de bombe de sa vie, se heurte à un défi de taille : comment mettre le feu aux poudres sans mèche ? L'inventeur en herbe met au point un ingénieux système de percuteur artisanal, à l'aide d'une douille, d'une cartouche explosive, d'un ressort et d'un clou. Le ressort, qui se détend, propulse violemment le clou contre le fond de la cartouche, qui, ainsi percuté, met à feu le détonateur et la charge de poudre.

Pour s'assurer que son invention fonctionne, Georg retourne chez ses parents et expérimente son dispositif dans le verger familial en prétendant y pratiquer une expérience pour le travail. Le succès est total !

À présent, il s'agit de relever un autre défi : comment faire en sorte que le dispositif explose à la minute voulue ? Sa passion pour l'horlogerie va lui fournir la solution. À l'aide de quelques pendules et de leurs roues crantées, il développe un mécanisme sophistiqué de minuterie, capable de lancer le compte à rebours de l'explosion cent quarante-quatre heures à l'avance. La bombe qui doit éliminer Adolf Hitler est prête.

22 juillet 1939, la bombe

Concentré, Georg s'immobilise devant l'établi. Au centre du plateau en bois trône sa création. L'inventeur observe attentivement son « œuvre ». La boîte, munie d'une ouverture, dissimule un système de roues crantées et de pendules. Le mécanisme d'horlogerie est relié au détonateur artisanal, lui-même fixé à une large cartouche bourrée de poudre explosive.

Place désormais à l'ultime étape de son projet ! Or, c'est la plus délicate, la plus dangereuse, celle où tout pourrait basculer, où Georg peut être démasqué à tout moment. Il s'agit à présent de dissimuler la bombe à l'intérieur même du pilier du hall du Bürgerbräukeller. Le 22 juillet 1939, la convalescence de Georg prend fin. Mais il ne retourne pas à la carrière. Au lieu de cela, il déménage à Munich.

Trente nuits au Bürgerbräukeller

En cette chaude soirée d'été, un vent de légèreté souffle sur Munich. Les rues de la ville grouillent de passants et les terrasses fleurissent sur les grandes places. Le Bürgerbräukeller ne désemplit pas. Dans le jardin de la brasserie, les employés s'entrecroisent entre les tables, les bras chargés de plateaux débordant de pintes de bière, ou jonchés de vaisselle sale. L'odeur âpre de la fumée de cigarette se mêle aux fumets des plats chauds. Au milieu du ballet des serveurs et du concert des éclats de rire, Georg est assis, seul à une table. Il observe avec attention le spectacle qui se déroule sous ses yeux et enregistre mentalement tous les détails. Il vient ici pratiquement tous les jours. Et chaque fois une aimable serveuse prend sa commande.

Vers 22 heures, alors que les clients quittent peu à peu les lieux, Georg fait mine de s'en aller. En réalité, il pénètre discrètement dans le grand hall de l'établissement. La pièce, qui jouxte le restaurant, est alors déserte. Georg monte rapidement l'escalier qui mène à la galerie, se faufile derrière un paravent et se cache dans un étroit cagibi. À l'intérieur du réduit, il tend l'oreille. Peu à peu les éclats de voix des derniers clients éméchés s'atténuent, puis font place au silence. Peu avant minuit, il perçoit trois tours de clé. La dernière serveuse est venue donner à manger aux chats et verrouiller l'accès à la grande salle. Georg et les quelques félins de l'établissement sont seuls dans la place.

Le sommeil qui le gagne, le corps ankylosé après des heures d'attente dans le cagibi, tout est balayé. Il n'y a pas une minute à perdre. À genoux au pied du pilier qui abritera la bombe, il s'attelle aussitôt à sa mission : creuser un espace pour y encastrer l'engin. Avec précaution, Georg démonte la plinthe qui entoure la colonne et scie le coffrage en bois. Il commence en premier lieu à façonner une porte dérobée. Cette trappe secrète lui permet de creuser l'intérieur du pilier à l'insu de tous, et d'y cacher ses outils.

Il s'attaque alors à la structure même du pilier. Muni d'un burin, d'un vilebrequin et d'une vrille, il frappe, martèle, perce et gratte les briques. Inlassablement, il les brise une à une. L'opération, fastidieuse, demande avant tout une exécution parfaite. Pour couvrir le bruit des travaux, Georg met au point plusieurs techniques ingénieuses. Il enveloppe ses outils dans des serviettes en tissu, et quand il doit casser une brique, il profite du déclenchement des chasses d'eau automatiques des toilettes pour fracasser la pierre. Pour ne laisser aucune trace derrière lui, il entasse minutieusement tous les gravats dans des serviettes de toilette et efface la poussière avec des mouchoirs.

Le chantier clandestin se poursuit jusqu'au cœur de la nuit. Vers 3 heures du matin, terrassé par la fatigue, Georg referme délicatement la colonne et retourne dans son cagibi. À l'aube, quand la brasserie rouvre ses portes, il sort, ni vu ni connu.

Entre les mois d'août et de novembre 1939, Georg va ainsi passer, au péril de sa vie, une trentaine de nuits au Bürgerbräukeller, pour placer la bombe à l'intérieur du pilier. Mais à plusieurs reprises, son entreprise clandestine est à deux doigts d'être démasquée.

Rencontre inopportune

L'étroit réduit est plongé dans le noir. Seule une pâle lumière filtre à travers les interstices de la porte. Adossé contre la paroi du cagibi, Georg est plongé dans des rêves agités. Les employés de la brasserie et la voix tonitruante d'Adolf Hitler se mêlent dans une confusion fiévreuse. Puis il se voit accroupi, en train de briser frénétiquement les briques de la colonne du Bürgerbräukeller. Le fracas de son burin est de plus en plus assourdissant. Soudain, branle-bas de combat ! Quelqu'un tambourine vigoureusement contre sa cachette. Le réveil est brutal. Tétanisé et livide, Georg retient sa respiration. Horreur ! La porte s'ouvre brusquement. L'employé qui se tient devant lui a l'air stupéfait. Contre toute attente, il se saisit d'un carton, puis s'en va, sans dire un mot.

Quelques instants plus tard, c'est le directeur du Bürgerbräukeller en personne qui surgit. Furieux, il apostrophe Georg :

– Que faites-vous là ?!

L'esprit encore embué par ses rêves agités, Georg baisse les yeux et, l'air honteux, rétorque :

– Je… J'ai un furoncle sur la cuisse.

– Un furoncle ? Et pourquoi vous cachez-vous dans ce cagibi ?!

– Voyez-vous, je me suis caché pour le percer…

Le directeur réprime une grimace de dégoût. Georg renchérit :

– Je voulais le percer et laisser s'échapper le pus. Je me suis ensuite retrouvé enfermé ici.

– Eh bien ! Partez ! Vous n'avez rien à faire dans la galerie, lui assène sèchement le responsable.

Georg quitte la pièce d'un air gêné, mais au fond de lui, le soulagement est immense. Si le directeur avait choisi d'appeler la police, ses réelles intentions auraient pu être démasquées. Déterminé à poursuivre coûte que coûte les opérations, Georg ne se laisse pas impressionner par cet incident. Après quelques jours, il reprend ses travaux nocturnes. Et le cours de l'Histoire va précipiter son entreprise.

1er septembre 1939, début de la guerre

Le 1er septembre 1939, l'Allemagne nazie envahit la Pologne. Deux jours plus tard, le Royaume-Uni et la France déclarent la guerre au IIIe Reich. Le conflit que Georg Elser redoutait tant a éclaté. Malgré la fatigue physique, les plaies qui lézardent ses genoux écorchés, Georg redouble d'efforts. Tout doit être prêt pour le 8 novembre, il en va désormais de l'avenir du monde !

Tant d'heures passées au pied du pilier viennent bientôt à bout de la résistance de Georg. Ses plaies n'ont pas le temps de cicatriser. Au bout de quelques semaines, les blessures purulentes le contraignent à arrêter ses travaux afin de se soigner. Mais le temps presse…

Der Führer spricht

München, 8. November 1939, Bürgerbräukeller

1er novembre 1939, derniers préparatifs

Georg marche dans les rues de Munich, une large valise à la main. Fébrile, il progresse à travers le dédale de rues et rejoint le Bürgerbräukeller, l'établissement qu'il connaît désormais comme sa poche. Dans une semaine, Adolf Hitler et ses plus fidèles dignitaires nazis se rassembleront dans la brasserie munichoise.

Une fois dans la place, c'est le même cérémonial qui se répète : commande à la table, attente au cagibi, puis trois heures de travail nocturne, à genoux au pied du pilier. Cette fois, il s'agit d'encastrer la bombe. Tout s'emboîte parfaitement ! Il ne reste plus qu'à insérer le mécanisme d'horlogerie.

Mais le 3 novembre, c'est la douche froide ! La salle est fermée à clé, impossible d'y accéder ! Déconfit, Georg se résout à revenir le lendemain. Mais le sort s'acharne sur lui ! Le 4 novembre, un bal est donné dans le hall. Georg n'a d'autre choix que d'acheter un billet et d'attendre la fin des festivités. Comble de malchance ! La boîte qui abrite les pendules et le minuteur ne rentre pas dans la colonne. Il a commis une erreur de calcul.

L'inventeur se précipite dans un entrepôt d'une rue voisine où il scie et lime le coffret en bois. Dans la nuit du 5 au 6 novembre, il se rend une énième fois dans la brasserie. Cette fois, tout s'imbrique au millimètre ! L'engin de mort est en place, les pendules, remontées, la trappe, refermée. Dernière vérification : Georg colle l'oreille contre la porte dérobée. Le tic-tac des horloges cachées dans des boîtiers et masquées derrière la porte renforcée est à peine perceptible. Personne ne remarquera qu'une bombe dort dans le pilier. Georg pousse un soupir de soulagement. Tout est prêt pour le grand soir ! Cette fois, le compte à rebours est lancé. Le 8 novembre à 21 h 20 précises, la bombe explosera. Satisfait, Georg quitte la place.

NOTE ANECDOTIQUE

—

Le 6 novembre 1939, deux jours avant l'attentat, Georg se rend chez sa sœur à Stuttgart. Sans révéler un seul détail de son projet, il lui fait ses adieux et lui confie toutes ses affaires personnelles. Interloquée, sa sœur lui demande des explications. D'un ton aussi résigné que laconique, Georg rétorque : « Les jeux sont faits. »

Adolf Hitler en plein discours au Bürgerbräukeller le 8 novembre 1939.
Il l'ignore, mais une bombe prête à exploser se trouve dans la colonne juste derrière lui.

8 novembre 1939, à treize minutes près !

La grande salle du Bürgerbräukeller est pleine à craquer. Dans la chaleur étouffante de la pièce bondée, les militants se bousculent pour prendre les meilleures places. À 20 heures, le public se lève et scande « *Sieg Heil* » à l'unisson ! Le Führer vient de faire son entrée. Hitler traverse la foule et se dirige d'un pas décidé vers l'estrade où trône le pupitre muni de deux micros. Aux premiers rangs de l'assemblée, les plus fidèles lieutenants du Führer lui adressent leur salut. Heinrich Himmler, Joseph Goebbels, Rudolf Hess ou encore Joachim von Ribbentrop, ils sont tous là. Pas question pour les hauts dignitaires du régime de manquer cet événement.

À 20 h 09 précises, Adolf Hitler monte sur l'estrade et s'installe à son pupitre, à quelques dizaines de centimètres seulement du pilier. La frénésie laisse place à un silence de plomb. Le dictateur ajuste ses micros et se lance dans sa diatribe. Le haut-parleur crépite et la voix d'Hitler résonne :

> – La guerre pourra durer aussi longtemps qu'elle voudra… l'Allemagne ne capitulera jamais. Ni maintenant ni dans l'avenir !

Sous les hourras d'une foule acquise à sa cause, le despote poursuit son long et virulent discours. Pendant environ cinquante minutes, il harangue la foule, met en garde l'ennemi et déverse toute sa haine. Mais alors que les discours du chancelier sont d'ordinaire beaucoup plus longs, ce soir, un événement imprévu vient chambouler le cours du rassemblement.

Ce 8 novembre 1939, une épaisse nappe de brouillard recouvre l'Allemagne et le pilote personnel d'Hitler refuse de décoller à cause du mauvais temps. Hitler doit se résoudre à rejoindre la capitale en train. Ainsi, le Führer écourte son discours et, à 21 h 05, il quitte l'estrade. La salle entonne le Horst Wessel Lied, l'hymne du parti national-socialiste, Hitler distribue quelques poignées de main, mais ne s'attarde pas pour discuter avec ses ministres. Car le Führer ne doit pas rater son train ! À 21 h 07, il quitte le Bürgerbräukeller, bien plus tôt que prévu.

Treize minutes plus tard, à 21 h 20, une puissante explosion retentit. La déflagration pulvérise la colonne et dévaste la grande salle du Bürgerbräukeller. Le toit du bâtiment s'effondre. La tribune sur laquelle se tenait Adolf Hitler quelques minutes plus tôt n'est plus qu'un tas de gravas. Huit personnes, une serveuse et des membres du parti nazi, sont tuées sur le coup et plus de soixante sont blessées.

La bombe de Georg Elser a explosé au moment fixé, mais sans atteindre son but. Par le simple fait d'une météo capricieuse, le projet de tyrannicide échoue à treize minutes près. Treize minutes qui auraient pu changer le cours de l'Histoire.

NOTE HISTORIQUE

—

Dans les heures qui suivent, lors d'un arrêt en gare de Nuremberg, Adolf Hitler apprend l'attentat du Bürgerbräukeller. Interloqué, le Führer doute d'abord de la véracité de l'information, mais après un instant de flottement, il se rend compte qu'il a échappé miraculeusement à la mort. Cette nouvelle tentative d'assassinat renforce Adolf Hitler et ses proches dans leur conviction d'invincibilité. Joseph Goebbels, ministre de la Propagande, note dans son journal intime : « Faut-il quand même que le Führer soit protégé par le Tout-Puissant ! Il ne mourra pas avant que sa mission ne soit accomplie. »

« PAR MON ACTE, JE VOULAIS EMPÊCHER QUE LE SANG NE COULE BIEN DAVANTAGE. »

Georg Elser, 20 novembre 1939

8 novembre 1939 peu après 21 heures, une fuite improvisée

Toujours vêtu de son long manteau noir et de son chapeau, Georg s'avance d'un pas décidé vers le grillage. Il jette quelques regards inquiets autour de lui, puis se lance ! Peu après 21 heures, quelques minutes avant l'explosion de sa bombe, Georg tente à Constance de franchir illégalement la frontière entre l'Allemagne et la Suisse. Alertés par le comportement suspect du voyageur clandestin, deux douaniers allemands l'arrêtent et l'interrogent. Le jeune homme, visiblement déstabilisé, est incapable de justifier sa présence. Paradoxalement, Georg, qui avait planifié son complot jusque dans les moindres détails, n'a même pas pensé à organiser sa fuite. Lui qui s'est donné corps et âme pour sauver l'Allemagne de la guerre a omis sa propre sécurité.

La fouille des douaniers est fructueuse : une carte postale du Bürgerbräukeller, des vieux fragments d'explosifs et une tenaille ! Aucun doute, ils ont ferré quelqu'un de suspect. La nouvelle de l'attentat munichois ne tarde pas à leur parvenir et la Gestapo, rapidement dépêchée sur les lieux, l'embarque – direction Munich !

Outils retrouvés par la Gestapo dans les affaires de Georg Elser.

12 novembre 1939, interrogatoire

Un homme vêtu d'un costume noir impeccable avance le long des couloirs du siège de la Gestapo à Munich. Les bottes lustrées du SS résonnent dans le bâtiment. Franz Josef Huber a été mandaté pour mener la commission d'enquête de l'attentat du Bürgerbräukeller. L'officier nazi pénètre dans la salle d'interrogatoire, bien décidé à faire parler le suspect.

Georg Elser a le visage tuméfié, le corps couvert de bleus. Depuis plusieurs jours, il se mure dans le silence. L'officier de la Gestapo récapitule le faisceau d'indices qui ne laisse que peu de place au doute, mais il lui faut une preuve irréfutable. Soudain, il se lève et ordonne :

– Baissez votre pantalon !

Georg s'exécute. Le SS s'avance vers le corps meurtri du prisonnier et observe attentivement ses genoux. Voilà, il tient sa preuve ! Les enquêteurs de la Gestapo sont formels, l'homme qui a creusé le trou dans le pilier du Bürgerbräukeller a dû passer un bon nombre d'heures à genoux. Les plaies de Georg en sont la preuve irréfutable ! Il a commis l'attentat.

Acculé, Georg passe aux aveux. C'est bien lui qui a creusé le trou dans le pilier, fabriqué la bombe et tenté d'assassiner Adolf Hitler. Satisfaits, les SS font signer une déposition au prisonnier avant de le transférer à Berlin pour de nouveaux interrogatoires.

Georg rapporte les détails de son plan
à Arthur Nebe, chef de la police criminelle.

Du 19 au 23 novembre 1939, attentat solitaire

À Berlin, Georg est à nouveau questionné par la Gestapo. Les séances d'interrogatoire et de torture durent parfois jusqu'à quinze heures. Les officiers qui cherchent à connaître les moindres détails du mode opératoire de Georg en sont persuadés : jamais il n'aurait pu organiser un tel attentat sans faire partie d'un réseau. Obstiné, Georg ne cesse de répéter qu'il a tout orchestré seul.

Alors, il déroule le fil de sa vie, de son enfance à cette nuit du 8 novembre qui a failli changer l'Histoire. Les nazis découvrent, stupéfaits, le récit de l'ouvrier allemand. Celui qu'ils prennent pour un activiste n'est ni un militant politique ni un militaire. Il ne sait d'ailleurs même pas expliquer en détail ce qu'est le national-socialisme ou le communisme. C'est un homme du peuple, un citoyen ordinaire, sincère et amoureux de la paix.

Mais Joseph Goebbels et Adolf Hitler en sont convaincus : l'attentat du Bürgerbräukeller n'a pas pu être organisé par un seul homme. À leurs yeux, il s'agit d'un vaste complot commandité par les services secrets britanniques. Les séances de torture ont beau se multiplier, Georg n'avoue aucun complice. Pour confirmer ses dires, il reconstitue, sous le regard médusé des officiers SS, une réplique de sa bombe. Abasourdis, ces derniers se rendent à l'incroyable évidence : Georg Elser dit la vérité. Lorsque le Führer est mis au courant, il est d'abord incrédule. Comment un simple citoyen, un homme issu du peuple allemand, ce peuple même qu'il prétend représenter et défendre, a pu attenter à sa vie et se dresser, seul, contre le nazisme ? Convaincu qu'Elser n'a pas livré tous ses secrets, Adolf Hitler exige qu'il soit gardé en vie et le fait interner à l'isolement dans un camp de concentration.

TÉMOIGNAGE

—

Adolf Hitler et ses plus proches ministres sont intimement persuadés que Georg n'a pas agi seul. Reinhard Heydrich, responsable de la sécurité du IIIe Reich, ordonne que tous les moyens soient mis en œuvre, y compris les méthodes les moins conventionnelles :

« *Je voudrais savoir quel genre de personne est ce Elser. Utilisez tous les moyens pour faire parler ce criminel. Faites-le hypnotiser, donnez-lui des drogues, employez tout ce que notre science actuelle a expérimenté dans cette direction. Je veux savoir qui sont les instigateurs, qui est là-derrière.* »

De 1940 à 1945, prisonnier spécial

Au début de l'année 1940, Georg Elser est déporté au camp de concentration de Sachsenhausen. Sur ordre direct d'Adolf Hitler, le détenu, surnommé « *Sonderhäftling Hitlers* », « prisonnier spécial d'Hitler », est tenu à l'écart des autres.

Dans une cellule spacieuse tout équipée, il partage sa détention avec deux gardes SS qui veillent sur lui, nuit et jour. Contrairement aux autres déportés qui subissent les sévices, la faim et la torture, Georg est relativement bien traité. Il dispose même d'un petit atelier de bricolage et passe ses longues journées à fabriquer des meubles pour ses geôliers et des instruments de musique.

Le régime nazi compte se servir de Georg après la guerre pour traduire en justice les Britanniques. Selon les plans, le jeune homme sera l'une des pièces maîtresses d'une parodie de procès, destinée à prouver l'implication des services secrets de Sa Majesté dans l'attentat du Bürgerbräukeller.

Georg, le crâne rasé et en tenue de prisonnier,
pendant son internement.

9 avril 1945, dernier ordre

Cinq ans plus tard, la guerre est perdue pour Adolf Hitler. Terré dans les lugubres couloirs de son *Führerbunker* sous la chancellerie à Berlin, Hitler oscille entre des moments de lucidité froide et des colères hystériques durant lesquelles il beugle des ordres à des unités inexistantes. Malgré le fracas des bombes qui s'abattent sur Berlin et la chute d'un Reich qui devait durer mille ans, le régime nazi orchestre ses ultimes crimes. Hitler ordonne l'exécution de Georg Elser. Le 5 avril 1945, le chef de la Gestapo transmet au camp de concentration de Dachau, où Georg a été transféré, le message suivant :

« Lors d'une prochaine attaque terroriste [cela veut dire un bombardement] sur Munich ou aux alentours de Dachau, vous signalerez qu'ELLER [nom de code de Georg Elser] en a été victime. Je vous prie donc, lorsqu'une telle situation se présentera, de liquider ELLER dans la discrétion la plus absolue. Vous êtes priés de faire en sorte que peu de personnes, tenues au secret, soient au courant. [...] Veuillez détruire cette missive après en avoir pris connaissance et après exécution. »

Après plus de cinq longues années d'emprisonnement, Georg Elser, l'ébéniste allemand qui, en solitaire, avait tenté de débarrasser le monde d'Adolf Hitler, meurt le 9 avril 1945, assassiné d'une balle dans la nuque. Sa dépouille est brûlée dans le four crématoire. Le même jour, d'autres résistants allemands sont assassinés dans les différents camps de concentration du Reich.

Camp de concentration de Dachau. C'est ici, au crépuscule de la guerre, le 9 avril 1945, que Georg Elser est assassiné d'une balle dans la nuque.

Épilogue

Après la guerre, le nom de Georg Elser, tout comme celui de résistants allemands qui se sont dressés dans l'ombre face au nazisme, tombe peu à peu dans l'oubli. Famille, amis, collègues, personne ne sait ce qu'il est advenu de Georg. Sa mère, inquiète de ne plus avoir de nouvelles, lance des appels désespérés à toutes les administrations de la nouvelle république allemande. Mais personne n'est capable de lui fournir d'explications. En 1950, Georg Elser est officiellement déclaré mort.

En plus de son deuil, la mère de Georg doit, jusqu'à sa mort, affronter les rumeurs qui discréditent la mémoire de son fils. L'emprise de la propagande du IIIe Reich reste tenace. L'opinion publique considère Georg tantôt comme un pion au service des puissances étrangères, tantôt comme un instrument du régime nazi. Les Allemands refusent de croire qu'il a pu être un résistant qui a tenté de s'opposer à Adolf Hitler et au régime nazi.

Il faut attendre 1969 pour que deux historiens allemands révèlent la véritable histoire de Georg. En fouillant dans les archives du ministère de la Justice à Munich, les universitaires mettent la main sur les procès-verbaux des interrogatoires de la Gestapo. Dans les dizaines de pages du document, toutes les réponses de Georg ont été consignées de façon précise. Les historiens retracent ainsi le déroulement des faits de l'attentat de 1939. Et entre les lignes du rapport, froid et factuel, la personnalité du résistant solitaire se révèle.

Face à ses geôliers, Georg ne plie pas. Il retrace, de façon méthodique et méticuleuse, son parcours, de sa prise de conscience à son passage à l'acte, de sa première visite au Bürgerbräukeller à son arrestation à la frontière suisse. À la question de savoir s'il a parfois hésité, il répond : « Je ne sais plus s'il m'est arrivé d'avoir des doutes ou pas. Mais je crois que je n'en ai eu aucun. »

Georg Elser en compagnie de Mathilde, sa compagne de l'époque, et son plus jeune frère en 1929.

Georg Elser était un résistant de l'ombre. Tout comme les frères Stauffenberg, qui ont tenté d'assassiner Adolf Hitler et de renverser le gouvernement nazi en juillet 1944, il fait partie de ces Allemands qui ont osé se dresser face à la terreur. Mais Georg a agi seul et n'appartenait à aucune organisation, aucun parti politique et n'était pas un militaire. C'était un homme guidé par sa détermination de sauver son pays de la guerre. Il est le symbole de la résistance allemande. Le symbole de ceux qui ne se sont pas laissé aveugler par la propagande nazie, ceux qui ont vu clair dans le jeu d'Adolf Hitler, ceux qui ont osé se dresser pour combattre un État criminel.

Le nom de Georg Elser, resté pendant un demi-siècle dans l'obscurité, réapparaît à la lumière à la fin des années 1990. La mémoire de ce héros de l'ombre est enfin réhabilitée.

Ce que Georg Elser a accompli exigeait une audace, un sang-froid et une intelligence hors du commun. Aujourd'hui, plusieurs monuments en Allemagne honorent la mémoire de l'homme qui, à lui tout seul, a failli changer le cours de l'Histoire.

SCHLAND

Outre l'attentat du Bürgerbräukeller, Adolf Hitler a été la cible de plusieurs tentatives d'assassinat. Il a survécu à chacune d'entre elles.

CHAPITRE III

UNE VIE EN ZIGZAG : LE FASCINANT DESTIN DU GANGSTER DEVENU AGENT DOUBLE

—

Edward « Eddie » Arnold Chapman, gangster notoire et membre de la pègre londonienne, est propulsé par le hasard de la guerre au rang d'espion pour l'ennemi. D'abord à la botte des nazis, puis agent double au service de Sa Majesté, l'homme, à la fois voyou et héros, va, à sa manière, participer à la lutte contre l'ennemi allemand et sauver de nombreuses vies.

CONTEXTE HISTORIQUE

—

Le 1er septembre 1939, l'Allemagne nazie envahit la Pologne. Deux jours plus tard, le Royaume-Uni et la France déclarent la guerre au IIIe Reich. C'est le début de la Seconde Guerre mondiale.

Alors que sur terre, dans les airs ou en mer les combats font rage, loin des champs de bataille une guerre de l'ombre se met en place. Chaque camp tisse sa toile : les espions rôdent, se faufilent entre les lignes, se déguisent et se camouflent à la recherche de la moindre information, en mission de sabotage ou en quête de désinformation. Fin juin 1940, le IIIe Reich, qui a défait la France en quelques semaines, occupe de nombreux pays d'Europe. Les nazis règnent en maîtres sur le continent. L'Abwehr (le service de renseignement militaire allemand) y déploie son réseau et envoie ses agents dans le monde entier. Au début de la bataille d'Angleterre durant l'été 1940, des dizaines d'agents allemands traversent ainsi la Manche sous de fausses identités.

À Londres, le MI5, service de contre-espionnage britannique, est sur les dents. En seulement quelques mois, près de vingt-cinq agents allemands ont été capturés. Mais cet afflux inquiétant d'espions va finalement servir les intérêts des Alliés. Les Britanniques proposent à leurs ennemis un marché sans appel : soit ils deviennent agents doubles et auront la vie sauve, soit ils seront jetés en prison ou exécutés. Le Comité Double Cross, ou Comité XX, prend la responsabilité des espions qui ont retourné leur veste.

Avec discrétion, audace et habileté, le MI5 et les transfuges fraîchement recrutés envoient à l'ennemi un flot continu d'informations, majoritairement fallacieuses. L'Abwehr n'y voit que du feu ! C'est ainsi que certains agents doubles vont jouer un rôle décisif sur le cours de la Seconde Guerre mondiale.

Mais tous ne sont pas des Allemands qui ont trahi leur patrie. Certains sont étrangers et même britanniques. L'un des plus importants d'entre eux se nomme Eddie Chapman.

Membre de la pègre londonienne, ce gentleman cambrioleur, qui s'est d'abord illustré par ses casses, ses frasques et son goût de l'interdit, voit son destin basculer en 1940. Propulsé par le hasard de la guerre dans le camp de l'ennemi, il devient espion à la botte des nazis. Mais un improbable coup du sort va changer son destin et en faire l'un des agents doubles les plus précieux de Sa Majesté.

12 février 1939, déjeuner romantique à Jersey

La salle à manger de l'Hôtel de la Plage baigne dans la lumière chaude d'un soleil presque printanier. Au loin, le sable doré, le bleu acier de la Manche et les chapelets d'îlots dessinent un paysage de carte postale. La mer s'est parée de ses plus belles couleurs et l'écume des vagues scintille de mille feux.

À une table installée face à la baie vitrée, un couple déjeune en apparente décontraction. Les rayons de soleil chatoyants transpercent la fenêtre et illuminent le visage harmonieux d'une jeune femme aux longs cheveux dorés. La mine gracieuse, le regard perçant et la bouche soigneusement dessinée au rouge à lèvres, elle n'a d'yeux que pour son prétendant.

Face à elle, un jeune homme grand, mince et élégamment vêtu lui adresse un sourire charmeur. Ses yeux noisette, ses cheveux gominés et sa moustache soigneusement taillée lui donnent des airs de vedette de cinéma. D'un mouvement délicat, il saisit la main de la jeune femme, la serre tendrement entre ses paumes et dépose un délicat baiser.

Sur l'île de Jersey, Betty Farmer et Eddie Chapman filent le parfait amour ! Comme souvent le dimanche, les deux tourtereaux sont venus déjeuner à l'Hôtel de la Plage. Le lieu, propice à la flânerie, est un établissement cossu et réputé de l'île anglo-normande. Du haut de ses vingt-deux ans, Betty s'est entichée d'Eddie, malfrat aux airs de gentleman de deux ans son aîné. Pourtant, elle ignore tout de la vie de son amoureux. Elle ne se doute pas que son prétendu gentleman est marié, et encore moins qu'il attend un enfant d'une troisième femme. Et surtout, elle est loin de s'imaginer qu'il est en réalité l'un des hommes les plus recherchés du Royaume-Uni et que ce voyage romantique à Jersey est en fait… une cavale !

Soudain, un mouvement inhabituel au fond de la pièce interpelle Eddie. Le visage crispé et les sourcils froncés, il observe par-dessus l'épaule de sa maîtresse l'attitude suspecte des deux individus qui viennent de faire irruption dans le restaurant. Les deux hommes, vêtus chacun d'un long manteau et d'un chapeau, gesticulent nerveusement. Pas de doute, des policiers en civil. Et les voilà qui s'approchent dangereusement !

Décontenancé, Eddie n'hésite que quelques secondes avant de bondir de sa chaise ! En parfait gentleman, il embrasse Betty, inspire profondément, jette un bref coup d'œil aux deux agents et se lance sans hésiter à travers la baie vitrée. Sous une pluie de verre assourdissante, il atterrit sur la plage en contrebas. Miraculeusement indemne, il se relève et détale à toute vitesse, aussitôt pourchassé par les policiers.

Sidérée, Betty regarde son amoureux prendre le large sans comprendre la scène rocambolesque qui vient de se dérouler sous ses yeux. Elle est loin d'imaginer que cette fuite spectaculaire va conduire son amant des geôles d'une prison à une école d'espionnage, du Portugal à la Norvège, du cercle intime d'un officier SS aux bureaux des services secrets britanniques, du camp des nazis à celui de Sa Majesté ! Six longues années pendant lesquelles Betty n'entendra plus parler d'Eddie Chapman.

« EDDIE A DIT QU'IL VALAIT MIEUX VIVRE UN JOUR COMME UN TIGRE QU'UNE VIE ENTIÈRE COMME UN AGNEAU. »

Betty Farmer

L'as des casses

Edward « Eddie » Arnold Chapman naît le 16 novembre 1914 dans un petit village dans le nord de l'Angleterre. Livré à lui-même, il grandit dans la rue. Paresseux, têtu et très insolent, à l'adolescence il ne tarde pas à devenir rebelle à toute forme d'autorité. Le jeune homme, au physique robuste, est doté d'une grande intelligence, d'un esprit vif, ainsi que d'un caractère bien trempé.

À l'âge de dix-sept ans, Eddie prend la route de Londres, bien décidé à trouver sa voie, et s'enrôle dans l'armée. Mais après seulement quelques mois de service, il déserte et plonge sans un regard en arrière dans une vie de débauche.

Il enchaîne d'abord les petits boulots comme barman ou masseur, complète ses revenus en livrant des combats de boxe clandestins et dépense l'intégralité de ses économies dans les bars et les bordels miteux de la banlieue londonienne. Dans les bouges crasseux du quartier de Soho, Eddie côtoie les riches et les pauvres, les honnêtes gens et les crapules, les hommes d'affaires et les escrocs. Installé dans une vie de vices, il se sent, pour la première fois de son existence, à sa place.

Pour éponger les dettes qui s'accumulent et financer son train de vie décadent, il bascule inévitablement dans le crime organisé. Bien vite, il s'intéresse à la manipulation des explosifs et se spécialise dans le perçage des coffres-forts. À l'âge de vingt-quatre ans, Eddie est un véritable as des casses ! Membre d'un des gangs les plus réputés de Londres, Eddie compte plus de quarante coups à son actif. Le jeune homme et son gang de malfrats se forgent rapidement une réputation dans le milieu. Bien qu'ils amassent un butin colossal, les gentlemen cambrioleurs mettent un point d'honneur à ne jamais utiliser d'armes ni faire usage de la violence.

Mais à la fin de l'année 1938, la vie à cent à l'heure d'Eddie bascule brutalement. Alors qu'il s'apprête à réaliser un de ses plus gros coups, le casse du siège central de la société coopérative d'Édimbourg tourne au fiasco. En tentant de s'enfuir par les toits, il brise malencontreusement une verrière et attire l'attention d'un policier. Les forces de l'ordre déboulent rapidement sur les lieux et le gang est arrêté. Fin de partie pour Eddie !

Février 1939, en cavale

En attente de son jugement, Eddie ne croupit pas longtemps derrière les barreaux. Par un subterfuge dont lui seul a le secret, il parvient à se faire libérer sous caution et ne comparaît pas à son procès. Il préfère s'envoler aux bras de Betty, sa nouvelle compagne, sur l'île anglo-normande de Jersey, située à quelques encablures de la France. Désormais en cavale, l'insaisissable gentleman cambrioleur figure sur la liste des personnes les plus recherchées du Royaume-Uni.

Mais le 12 février 1939, la lune de miel tourne court. Repéré par deux agents de police au restaurant de l'Hôtel de la Plage, Eddie prend la fuite. Au terme d'une course-poursuite épique, il parvient à semer les agents à ses trousses et trouve refuge dans une école. Au milieu de la nuit, sans un sou en poche, Eddie tente le tout pour le tout : il décide de cambrioler le night-club de l'île. Grossière erreur ! Le malfrat, pris en flagrant délit, est arrêté, puis condamné à deux ans de prison. Cette fois, la cavale d'Eddie touche à sa fin.

1939-1941, la guerre derrière les barreaux

Un mince faisceau de lumière peine à éclairer la pièce plongée dans l'obscurité. D'innombrables taches de moisissure constellent les parois de la cellule à l'humidité poisseuse. Au fond de la minuscule geôle, un homme, adossé au mur, la tête penchée en avant, somnole, l'air fiévreux, secoué par des rêves agités. Soudain, le prisonnier se réveille. Des bruits de pas résonnent au loin puis s'amplifient nettement. Aucun doute, quelqu'un approche. Intrigué, le détenu se lève, s'étire lentement et se dresse sur ses pieds. Il hume l'air frais qui filtre à travers la minuscule trappe.

Voilà plusieurs mois qu'Eddie se morfond dans les geôles sinistres de la prison de Jersey. Après une tentative d'évasion, il a écopé d'une année supplémentaire et a été condamné à l'isolement. Déprimé, le gangster prend son mal en patience, en attendant des jours meilleurs.

Signe du destin, ce matin n'est pas un matin comme les autres. Le bruit de bottes s'arrête net devant sa cellule. Soudain, la porte s'ouvre. L'homme qui se profile dans la lumière lui parle dans une langue étrangère. Eddie, qui a mis à profit sa captivité pour dévorer les dizaines d'ouvrages de la bibliothèque de la prison, comprend très vite que l'individu est allemand. Interloqué, Eddie fixe l'inconnu qui ne tarde pas à lever le voile sur sa présence : les troupes du IIIe Reich ont envahi les îles Anglo-Normandes, et la prison de Jersey est désormais administrée par les forces d'occupation.

Eddie n'en revient pas ! Coupé du monde depuis plus d'un an, il a bien eu l'écho du début d'une guerre mondiale, mais du fond de son minuscule trou il ignorait que les Allemands occupaient désormais Jersey ! Loin de s'en émouvoir, Eddie voit là l'opportunité rêvée de recouvrer sa liberté.

NOTE HISTORIQUE

—

En juin-juillet 1940, la Wehrmacht envahit les îles Anglo-Normandes de Jersey et de Guernesey. Les insulaires se rendent sans combattre. L'Allemagne renforce les défenses des îles et, à partir de 1942, les intègrent au mur de l'Atlantique. Il s'agira du seul territoire britannique occupé par le IIIe Reich pendant la guerre.

L'armée allemande défile dans
les rues des îles Anglo-Normandes.

Novembre 1941, la vie sous l'Occupation

Le 15 octobre 1941, après presque trois ans passés derrière les barreaux, Eddie retrouve enfin la liberté. Toujours sous la menace des crimes qu'il a commis en Angleterre, le jeune homme reste sur l'île de Jersey. Mais le quotidien a bien changé. Les troupes du IIIe Reich patrouillent dans les rues, les militaires quadrillent les avenues, le rationnement est imposé et le marché noir fleurit.

Eddie est loin d'être contraint par l'occupation de l'ennemi. Bien au contraire ! En compagnie d'un ancien codétenu, il ouvre un salon de barbier et coiffe les Allemands. Fidèle à lui-même, Eddie ne se gêne pas pour transformer, au nez et à la barbe de l'occupant, son échoppe en plaque tournante du marché noir !

Les semaines passent, et une altercation anodine avec un gendarme conduit Eddie à revoir ses plans. Sermonné par la Feldgendarmerie après avoir percuté une moto allemande alors qu'il roulait à contresens sur son vélo, le malfrat y voit une aubaine. Et si la présence de l'occupant était en fait une opportunité inespérée ? Plutôt que de dépérir sur Jersey, pourquoi ne pas prendre part à la guerre… du côté des Allemands ? Eddie est prêt à tout pour quitter Jersey. Et tant pis s'il trahit sa patrie, car après tout il n'a plus rien à perdre !

Bien décidé à quitter son pays, où il risque pour ses précédents crimes jusqu'à quatorze ans de prison, Eddie s'empare de sa plume et écrit au commandant allemand de l'île. Dans sa lettre, il se présente comme un citoyen britannique hostile au gouvernement et propose ses services d'espionnage à l'Allemagne nazie. Mais les semaines s'écoulent et sa demande reste sans réponse.

Un mois plus tard, en novembre 1941, les Allemands viennent enfin frapper à sa porte ! L'espoir est cependant de courte durée, puisque les militaires saisissent Eddie et l'embarquent avec eux, non pas pour le recruter, mais pour l'arrêter. Soupçonnés de sabotage, Eddie et un ami sont emprisonnés, puis acheminés en France, au camp d'internement de Romainville, à quelques encablures de Paris. Retour à la case départ ! Ironie du sort, c'est bien la première fois qu'Eddie est arrêté pour un crime qu'il n'a pas commis.

Hiver 1941-1942, fort de Romainville

L'immense enceinte fortifiée se dresse sur la colline. Les épaisses murailles entourées de profonds fossés cachent un complexe de casemates et d'autres bâtiments militaires. Le long de l'enceinte, des miradors se dressent et un grillage se déploie tout au long du chemin de ronde qui serpente sur les murs. Érigé au XIXe siècle, le fort de Romainville a été réquisitionné par les nazis en 1940 et transformé en camp d'internement. Résistants, ressortissants étrangers, prisonniers de guerre et Juifs y croupissent.

Au terme d'une traversée en bateau de Jersey à Saint-Malo, Eddie est jeté, aux côtés de centaines d'autres prisonniers, dans les entrailles du fort de Romainville. Profondément marqué par cette détention, Eddie prend une décision : il fera tout pour survivre et regagner sa liberté, quitte à trahir son pays.

Fort de Romainville,
aux portes de Paris.

Pour regagner sa liberté, Eddie Chapman
est prêt à collaborer avec l'ennemi.

Janvier 1942, Dr Graumann

L'air frais de l'hiver saisit le corps d'Eddie, raidit ses muscles, engourdit ses extrémités. Le long des murs, l'eau ne s'écoule plus, elle a gelé. Tant bien que mal, le jeune homme tente de se réchauffer, sans réel succès. Tout à coup, la porte de la casemate s'ouvre dans un grincement et un garde entre dans la pièce. Le SS s'approche de lui et le saisit sans ménagement. Le cœur d'Eddie se met à battre à cent à l'heure. Son destin semble scellé.

Escorté le long des couloirs, Eddie est conduit dans une salle d'interrogatoire. Il entre fébrilement dans la pièce. Au fond, un officier allemand est installé derrière un bureau. Le militaire bedonnant, au visage légèrement bouffi et aux cheveux plaqués vers l'arrière, tient des documents entre les mains et les scrute attentivement, l'air sévère. L'Allemand lève les yeux et dévisage Eddie. Son visage se détend et un sourire se dessine sur ses lèvres. Le Dr Graumann, de son vrai nom Stephan von Gröning, accueille poliment Eddie et s'adresse à lui dans un anglais impeccable :

– Installez-vous, je vous prie !

Incrédule, Eddie s'exécute. Son interrogateur se présente : il est un officier de l'Abwehr, le service de renseignement militaire du IIIe Reich. La lettre envoyée par le Britannique quelques mois plus tôt au commandant de l'île de Jersey a attiré son attention. Les nazis cherchent activement de nouveaux espions afin d'infiltrer l'ennemi. À la tête d'une des écoles d'espionnage les plus réputées du IIIe Reich, le Dr Graumann compte bien enrôler Eddie Chapman. Il est convaincu que l'ancien gangster est le candidat idéal ! Non seulement le jeune homme dispose d'un bon réseau dans le crime organisé, atout de taille, mais surtout il excelle dans le maniement d'explosifs et donc l'art du sabotage.

Pour les Allemands, Eddie Chapman devient l'agent « Fritzchen ».

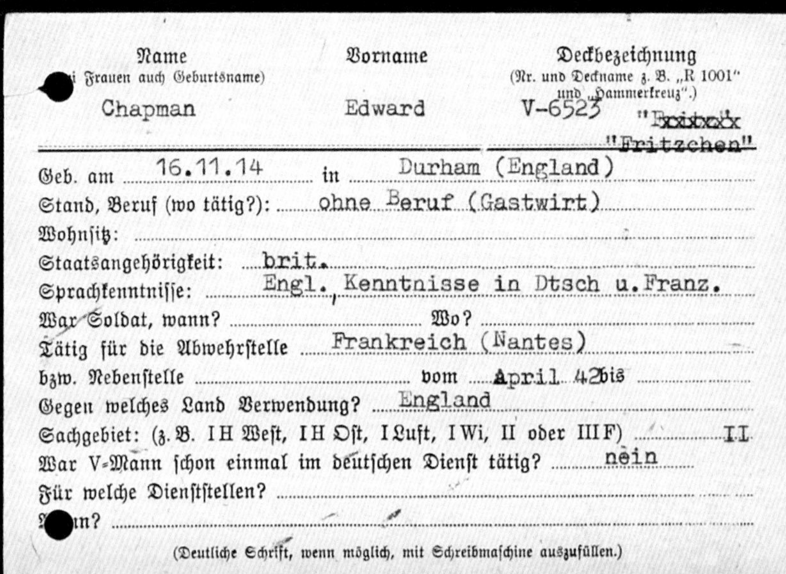

Name (…i Frauen auch Geburtsname) — Vorname — Deckbezeichnung (Nr. und Deckname z. B. „R 1001" und „Hammerkreuz".)

Chapman — Edward — V-6523 ~~"Fxxxxx~~ "Fritzchen"

Geb. am 16.11.14 in Durham (England)

Stand, Beruf (wo tätig?): ohne Beruf (Gastwirt)

Wohnsitz:

Staatsangehörigkeit: brit.

Sprachkenntnisse: Engl., Kenntnisse in Dtsch u. Franz.

War Soldat, wann? Wo?

Tätig für die Abwehrstelle Frankreich (Nantes)

bzw. Nebenstelle vom April 42 bis

Gegen welches Land Verwendung? England

Sachgebiet: (z. B. I H West, I H Ost, I Luft, I Wi, II oder III F) I I

War V-Mann schon einmal im deutschen Dienst tätig? nein

Für welche Dienststellen?

…nn?

(Deutliche Schrift, wenn möglich, mit Schreibmaschine auszufüllen.)

Soulagé, Eddie jubile intérieurement. Finalement, la chance semble lui sourire. La liberté lui tend enfin les bras. Au terme de plusieurs entrevues, l'ancien gangster est embrigadé. Ainsi, le 18 avril 1942, Eddie quitte le camp d'internement, libre. Escorté en voiture, il monte dans un train en direction de Nantes et, après quelques jours de voyage, il arrive à destination : le château de la Bretonnière. C'est ici, dans ce luxueux manoir réquisitionné par l'Abwehr, à l'abri des regards indiscrets, qu'Eddie commence sa nouvelle vie !

Printemps 1942, agent Fritz

Le son strident de la cloche tire Eddie d'un profond sommeil sans rêve. Encore embrumé par les vapeurs d'alcool de la veille, l'apprenti espion s'extirpe de son lit, sort de sa chambre, descend deux étages et entre dans le grand salon. Il salue d'un hochement de tête ses collègues allemands réunis autour de la table du petit déjeuner, se sert une tasse de thé, allume une cigarette et s'installe près du maître des lieux. Le Dr Graumann pose son journal et entame la conversation avec sa nouvelle recrue.

Le responsable de l'école d'espionnage s'est pris d'affection pour Eddie. Issu de la vieille aristocratie, il apprécie l'énergie et la verve du transfuge britannique. L'officier de l'armée allemande en est convaincu : les services secrets du Reich ont grand besoin d'un espion de la trempe d'Eddie Chapman. Conscient de la valeur de sa recrue, le Dr Graumann décide de prendre le jeune Anglais sous son aile.

Le château de la Bretonnière transformé en école d'espionnage allemande pendant la guerre.

Dans le vieux manoir reconverti en école d'espionnage, Eddie trouve rapidement ses marques. Exalté par le quotidien d'apprenti espion, savant mélange de routine et d'adrénaline, il retrouve son énergie débordante. Le matin, Eddie apprend le morse et le fonctionnement des communications chiffrées. Durant ces longues heures d'entraînement, il emprunte le nom de code Fritzchen, « petit Fritz », surnom donné par les Britanniques et les Français aux Allemands.

Après une pause déjeuner bien méritée, il rejoint une maisonnette dans le jardin de la propriété. Le cabanon du jardinier, renvoyé à l'arrivée des Allemands, a été transformé en laboratoire. À l'intérieur du réduit, Eddie perfectionne son art : le maniement d'explosifs. Entre les barils de matières volatiles, les instruments de mesure et les outils, le jeune homme mélange les produits, note des formules et fabrique sa propre dynamite ! Et sous le regard amusé des officiers allemands, il fait exploser ses prototypes dans le parc du château.

À la Bretonnière, Eddie se sent comme chez lui ! Il laisse ainsi libre cours à son excentricité toute britannique au point de désarçonner ses camarades espions. Ainsi, Eddie adopte Bobby, un cochon, et se promène aux côtés de son animal de compagnie. Il n'hésite d'ailleurs pas à relater les derniers exploits de son nouvel ami au cours de ses sessions d'entraînement au morse. Un jour, Eddie écrit : « Bobby le cochon se gave comme un roi, rugit comme un lion et chie comme un éléphant. » Ces messages potaches ne sont pas du goût des opérateurs radio. Eddie se dit que les Allemands manquent cruellement d'humour !

Mais derrière ces blagues et cette décontraction apparente, l'ombre du nazisme plane sur le château de la Bretonnière et son nid d'apprentis espions. Chaque soir, avant de dîner, Eddie se livre à un rituel immuable : bras droit en l'air, il scande « Heil Hitler ! » à l'unisson avec les autres. Impassible, il se montre parfaitement dévoué à la cause de l'Allemagne nazie et n'hésite pas à clamer son admiration pour le Führer. Mais derrière son masque, il ne peut s'empêcher de penser à sa patrie, surtout lorsque ses collègues évoquent joyeusement les bombardements de Londres. Profondément touché, Eddie, qui n'a pas oublié les femmes et l'enfant qu'il a abandonnés de l'autre côté de la Manche, noie son malaise dans l'alcool.

La cathédrale Saint-Paul de Londres
sous les bombardements allemands.

29 août 1942, première mission

Au Royaume-Uni, les progrès du mystérieux agent Fritz n'échappent pas aux équipes du MI5, les services de contre-espionnage britanniques. Jour et nuit, les opérateurs de Bletchley Park déchiffrent les transmissions d'entraînement de la nouvelle recrue de l'Abwehr. Ils collectent énormément d'informations sur cet extravagant agent allemand : la durée de son entraînement, ses péripéties au sein de sa villa, jusqu'à ses douleurs dentaires ou encore ses piètres progrès en tant qu'opérateur radio. Et surtout, ils sont au courant de son arrivée imminente sur le territoire britannique.

En effet, le 29 août 1942, après plusieurs mois d'entraînement, Eddie se voit confier sa première mission ! Le Dr Graumann convoque l'apprenti espion et lui en dévoile les détails. L'agent Fritz va être parachuté au-dessus de l'Angleterre où il devra établir des contacts avec des membres de la pègre afin d'organiser le sabotage d'une importante usine de fabrication de chasseurs bombardiers de la Royal Air Force.

Si Eddie réussit sa mission, le Reich le paiera grassement. S'il échoue, il sera arrêté par les Britanniques. Et s'il trahit les Allemands, il sera éliminé. Sans sourciller, Eddie signe le contrat.

Nuit du 15 au 16 décembre 1942, retour à la maison

L'air glacial de l'hiver s'engouffre dans la carlingue du minuscule avion de reconnaissance allemand. Le visage fermé, les sourcils froncés, Eddie fixe la trappe ouverte sous ses pieds. Des volutes glacées s'échappent de sa bouche. La respiration haletante, il s'agrippe aux poignées de l'appareil, paralysé par le froid et surtout l'appréhension du vide. Car Eddie déteste les sauts en parachute. Une de ses dernières tentatives lui a coûté quatre dents. La simple idée de réitérer l'expérience le terrifie. Après un instant de flottement, il se ressaisit : à lui de jouer ! L'heure est venue d'exécuter sa mission.

Sous sa combinaison de parachute, Eddie porte un casque britannique et des vêtements civils. Dans son portefeuille, il a soigneusement rangé deux fausses pièces d'identité, une lettre d'amour de Betty et une liasse de billets de livres sterling. Dans son paquetage, il a embarqué un récepteur radio, un flacon d'encre invisible, un pistolet, douze détonateurs et une capsule de cyanure.

Alors que l'avion progresse dans un vacarme assourdissant, Eddie erre dans ses pensées, tiraillé entre l'effroi de la chute dans le vide et l'excitation de sa première mission. Soudain, le voyant au-dessus de sa tête passe au vert. Le moment est venu ! Eddie ferme les yeux, prend une grande inspiration et, enfin, saute. Mais, par malheur, son parachute se coince dans l'écoutille. Bloqué dans l'étroite ouverture, le corps renversé et la tête en bas, Eddie est pris de panique ! Après d'interminables secondes, il réussit à s'extirper et chute dans le vide !

Immédiatement, la voile de son parachute se déploie ! La morsure du froid le saisit, le vent lui fouette le visage. Le vrombissement du Focke-Wulf disparaît en un instant. Autour de lui, l'obscurité est totale ! Au bout de douze minutes, qui paraissent une éternité, le sol apparaît. Et quelques fractions de seconde plus tard, Eddie s'écrase contre la terre. Secoué, il peine à se démêler de sa voile, mais pousse un soupir de soulagement : il est sain et sauf !

Il se relève, creuse un trou et y enterre son parachute et sa combinaison. Il se redresse, époussette ses vêtements civils et scrute la campagne environnante. Seul un corps de ferme se détache au loin dans la nuit d'encre. Eddie hésite quelques instants puis, faisant fi des ordres qu'il a reçus, allume sa lampe torche et se précipite vers l'habitation !

Un invité inattendu

Au beau milieu de la nuit, un terrible fracas fait tressaillir Martha. Qui peut bien la déranger à cette heure ?! Quelques minutes plus tôt, la fermière a été tirée de son sommeil par la sirène d'alerte et le grondement d'un avion ennemi. Tout ceci ne présage rien de bon… Prudemment, elle s'avance vers sa fenêtre et s'exclame :

– Qui va là ?!

Les coups reprennent de plus belle.

– Bon sang ! Ouvrez-moi !

Glacée par la voix tonitruante du mystérieux individu qui tambourine à sa porte, Martha se fige sur place. Après quelques instants d'hésitation, elle se raisonne. Cela ne peut être qu'un pilote britannique en détresse ! Elle se reprend et descend résolument au rez-de-chaussée. La porte s'ouvre sur un homme, de haute taille et robuste. Le visage couvert de sang, il formule cette surprenante requête à son hôtesse :

– J'aimerais parler à la police !

Interloquée, Martha hèle son mari, qui descend à son tour, se saisit du combiné et appelle le commissariat le plus proche. Pendant ce temps, la fermière met de l'eau à chauffer et prépare quelques tartines de pain pour son mystérieux invité.

Une heure plus tard, deux agents débarquent dans le modeste corps de ferme. À l'arrivée des policiers, le parachutiste se lève, leur serre la main et leur remet son arme déchargée. Médusés, les deux policiers s'interrogent du regard. L'individu ne se laisse pas déstabiliser par leurs questions et affirme d'un ton posé :

– Je viens de France ! Je veux être mis en contact avec les services secrets britanniques. C'est une affaire pour eux. Je crains de ne pas pouvoir vous en dire plus.

Pris de court, les agents hésitent à accorder du crédit à ce parfait inconnu. L'homme nage-t-il en plein délire ? Si c'est un agent allemand, pourquoi parle-t-il parfaitement anglais ? Eddie, britannique jusqu'au bout des ongles, est de retour au pays et, par nécessité, finalement bien décidé à servir sa patrie.

Effectivement, quelques semaines avant sa mission, le jeune homme a décidé de trahir les Allemands. C'est une question d'Eddie au Dr Graumann qui a tout déclenché : « Pourquoi me faites-vous autant confiance ? » Question banale en apparence mais qui a provoqué le rire de son mentor et d'un officier présent à cette réunion. Eddie s'est senti horriblement mortifié. Les Allemands étaient convaincus que jamais il ne les trahirait car il risquait la prison en tant que criminel de droit commun. Profondément blessé dans son amour-propre, le transfuge s'est alors résolu à retourner sa veste. Les Allemands allaient payer pour leur arrogance ! Désormais, Eddie se mettrait au service de Sa Majesté et deviendrait… agent double !

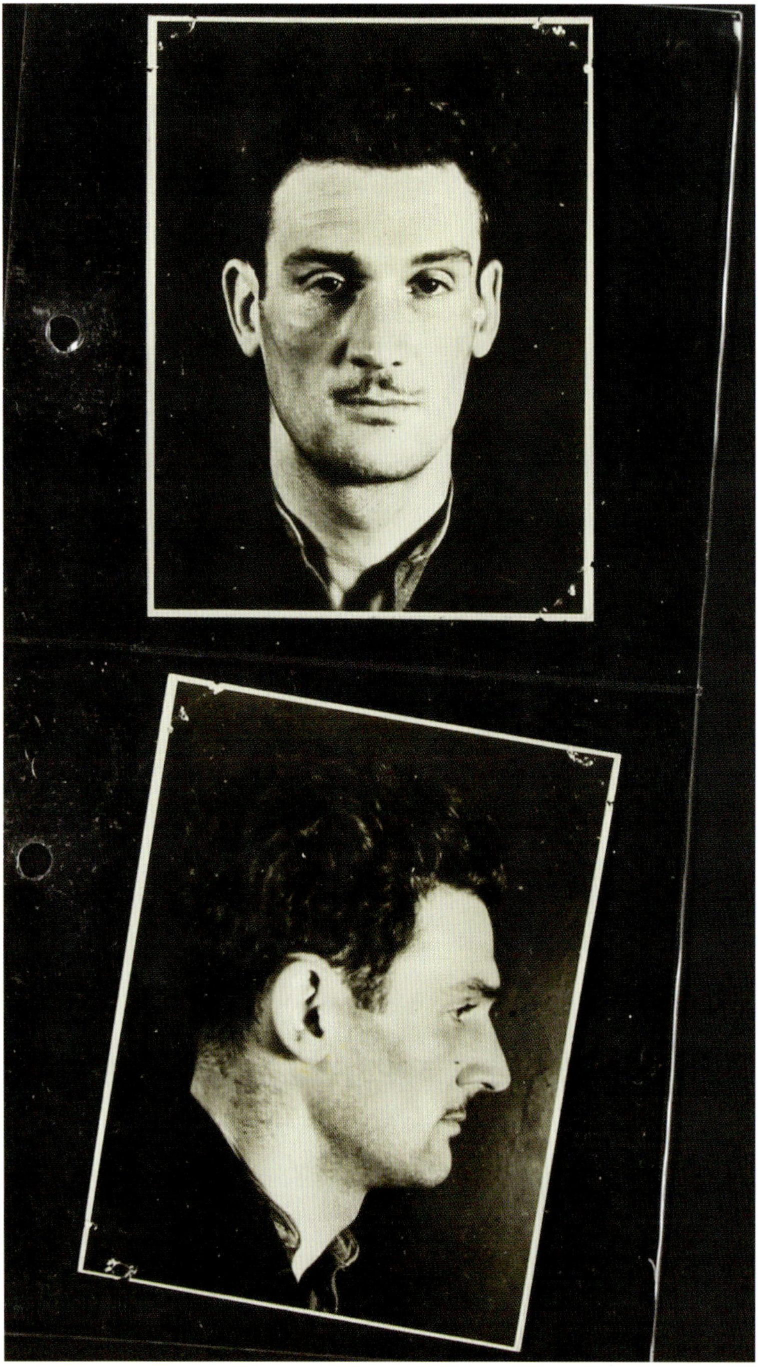

17 décembre 1942, agent Zigzag

9 h 30, le lendemain. La porte s'ouvre. Eddie entre en salle d'interrogatoire et s'affaisse sur sa chaise, les traits tirés, le visage blême. Face à lui, le commandant du Camp 020, une prison pour espions allemands, le toise. Le lieutenant-colonel Robin « Œil d'étain » Stephens a l'habitude de mater les espions allemands. Il se fait un malin plaisir à les interroger et à les briser, jusqu'à leur extirper la moindre bribe d'information. Le militaire aux allures de bouledogue ajuste son monocle, fixe Eddie et grogne :

– Votre nom est Chapman ?

– Oui, sir.

– Je ne dis pas ça pour vous menacer, mais vous êtes dans une prison des services secrets et notre boulot en temps de guerre est de nous assurer que vous nous racontiez tout ce que vous savez. Est-ce clair ?

Lieutenant-colonel Robin « Œil d'étain » Stephens.

Eddie acquiesce. Sous le regard menaçant d'Œil d'étain, il se lance. L'ancien gangster raconte son passé criminel, son passage par la prison de Jersey, sa détention au fort de Romainville et, bien sûr, sa formation d'espion à la botte de l'ennemi au château de la Bretonnière. Le lieutenant-colonel mène l'interrogatoire, le relance, demande des précisions. Eddie n'a rien oublié. Il livre les noms de ses contacts allemands, présente le plan de sa mission de sabotage et détaille les méthodes de chiffrement ainsi que les fréquences radio utilisées par l'Abwehr. À la fin de sa longue énumération, Eddie s'arrête, l'air satisfait. Sûr de lui, il pense avoir impressionné son interlocuteur.

Or, Œil d'étain reste impassible. Car le « bouledogue » sait déjà tout de lui. Depuis le début, l'agent Fritz est étroitement surveillé par les services secrets britanniques. Ce qu'Eddie prend pour un interrogatoire est, en réalité, un test. L'homme au monocle compare soigneusement les informations données par le transfuge à celles récoltées par le MI5. Tout concorde. L'ancien gangster semble sincère.

Néanmoins, pendant deux jours, quatre autres officiers cuisinent Eddie. C'en est fait de lui : à bout de forces, il tombe le masque, revient sur ses choix de vie, ses frasques sexuelles et va jusqu'à confesser bon nombre de crimes qui ne figuraient même pas dans son casier judiciaire. Eddie craque et, dans un message gribouillé à l'attention d'Œil d'étain, il supplie : « Le temps file ! C'est aujourd'hui que je dois commencer à informer mes supérieurs. Le Dr Graumann a bien insisté là-dessus ! Si je ne le contacte pas, il va se douter de quelque chose ! »

En vain. Les officiers ne bronchent pas et renvoient Eddie en cellule. Au même moment, le « bouledogue » convoque les quatre interrogateurs pour statuer sur le sort de cet étrange prisonnier. Ils sont unanimes : Eddie s'est jeté dans la gueule du loup ! Il a pris un énorme risque. Sa démarche semble sincère et motivée par l'amour de son pays. Néanmoins, personne n'oublie son passé sulfureux. Les services de Sa Majesté pourront-ils se fier à un ancien criminel ? Comment être sûr qu'il ne trahira pas son pays ?

À l'issue d'une réunion animée, les officiers livrent leur verdict : « Chapman souhaite réellement travailler pour les Britanniques contre les Allemands. Par son courage et sa débrouillardise, il a le profil idéal pour être un agent. Si on doit l'utiliser, il est primordial de le faire sans délai. »

Quel soulagement pour Eddie ! Le lendemain, le 18 décembre 1942, il intègre officiellement le MI5. Le voilà agent double au service de Sa Majesté. Celui que les Allemands connaissent sous le nom de Fritz devient, pour les Anglais, l'agent Zigzag. Sans attendre, il envoie son premier télégramme chiffré au Dr Graumann : « Suis arrivé. Je suis avec des amis. OK. »

Janvier 1943, l'art du camouflage

Après avoir trahi l'Abwehr et rejoint les services secrets britanniques, Eddie se voit confier sa première mission. Puisque les Allemands lui ont ordonné de saboter l'usine De Havilland de Hatfield, autant s'y atteler ! Sinon, l'ennemi pourrait rapidement se rendre compte de son double jeu. Mais bien sûr, pas question pour le MI5 de réellement saboter une installation d'armement si importante. Plutôt que de détruire l'usine, les services secrets vont simuler sa destruction ! Pour mener à bien ce projet, ils font appel à leurs meilleurs experts en camouflage.

De faux transformateurs en bois et en papier mâché ainsi que des débris sont jetés pêle-mêle au sol afin de simuler la destruction de l'usine.

À la fin du mois de janvier, les artistes entrent en scène. À l'aide de faux transformateurs en papier mâché et en bois, de pots de peinture, de bâches et de tôles ondulées, les agents camouflent le hangar et simulent la destruction totale de son installation électrique, comme si elle avait été soufflée par une puissante explosion. Pour renforcer l'impression de chaos, des débris sont jetés à même le sol sur des dizaines de mètres à la ronde. Ne manque plus que la touche finale du plan : le feu d'artifice.

Photographie aérienne du prétendu sabotage de l'usine De Havilland de Hatfield.

30 janvier 1943, « usine soufflée en deux »

Dans la nuit du 29 au 30 janvier 1943, par un soir de pleine lune, Eddie s'infiltre, en compagnie de quelques collègues, au cœur de l'usine et assiste à la mise à feu d'une importante charge explosive. Quelques minutes plus tard, une immense détonation retentit dans la nuit. La déflagration ne cause aucun dégât, mais elle réveille les habitants à des kilomètres à la ronde.

De retour dans sa planque, Eddie adresse un message triomphal au Dr Graumann : « Mission terminée, usine soufflée en deux. »

Pour accréditer la thèse du sabotage, le MI5 publie dans les colonnes du *London Daily Express* un article qui diffuse la fausse nouvelle. Sans attendre, les Allemands envoient un appareil de reconnaissance survoler la zone. Le verdict est sans appel : la salle des transformateurs a été complètement dévastée, l'usine est hors service. L'opération est un succès !

Des deux côtés de la Manche, le champagne coule à flots. Les Allemands fêtent le coup porté par l'agent Fritz à l'ennemi. Les Britanniques, eux, jubilent devant l'ampleur de la tromperie et se félicitent du recrutement de l'agent Zigzag. Quant à Eddie, toujours en quête de nouvelles sensations fortes, il prépare déjà sa prochaine aventure !

she would probably go to the Police and cause an embarrassing situation. We therefore refused his request for an immediate reunion and asked him to wait until just before he returned to enemy occupied territory. This refusal had a very bad effect and ZIGZAG became truculent and moody. In this frame of mind he might easily have gone bad on us when he returned and revealed to the enemy his association with us. Even if this did not happen he would probably have been unwilling to carry out any of our instructions and would have acted entirely upon impulse and his own fancies. It should always be remembered, however, that it would require a very clever explanation to the enemy to explain why the five "F's" were included right from the start of the transmissions. ZIGZAG would have to admit that he had been caught immediately on landing and there would have been no excuse for xxx including these letters.

49. During this truculent period ZIGZAG insisted that he was under no obligation to the British authorities and did not wish to return to enemy territory acting under British instructions but to carry out some "personal" plans of his own. It took some time to extract the nature of these plans, but after exercising considerable patience with him he said that he wanted to return to assassinate Hitler. Dr. GRAUMANN had been impressed by ZIGZAG's apparent admiration of all things Nazi and had promised that one day he should be allowed to attend a meeting in Berlin when Hitler was expected to be present. It was on this vague promise that ZIGZAG was setting his hopes. When it was suggested that such action as he contemplated was hardly likely to succeed and would, if either successful or abortive, mean a speedy end to his own life, he retorted "I know. But what a way out!". To depart thus in a blaze of glory, with his name prominently featured throughout the world's press, and to be immortalised in history books for all time - this would crown his final gesture.

51. The entry of Freda WHITE represented a turning point in the attitude of ZIGZAG to his work. In 1941 Freda WHITE had married a man called BUTCHART, with very limited success, and after three months they had parted with mutual disaffection and they continued to live apart. ZIGZAG's divorce had meanwhile been made absolute, and on this combination of happy circumstances ZIGZAG has resolved that, on his return to this country, he will marry Freda as soon as she can obtain a divorce. This resolution provides a strong incentive for him to return to Allied territory.

/which

NOTE HISTORIQUE

—

Par goût du risque, soif de gloire et de reconnaissance, Eddie fait une proposition atypique aux services secrets britanniques. Convaincus de la loyauté de l'agent Fritz, les Allemands ont promis d'inviter Eddie à un prochain discours d'Adolf Hitler à Berlin. Il prétend même qu'on lui a proposé une place de choix, au premier ou au deuxième rang. Pour Eddie, voilà l'opportunité rêvée de mener la mission la plus importante de sa carrière d'agent double : assassiner Adolf Hitler ! Une mission-suicide qui ne convainc pas les agents du MI5. La tâche s'annonce compliquée et, surtout, Eddie est-il prêt à risquer sa vie ? Ce à quoi le jeune homme rétorque simplement : « Ah ! Mais quelle sortie spectaculaire ! » Au final, les Britanniques refusent la mission.

Printemps 1943, Lisbonne

Bien décidé à empocher la coquette somme d'argent dont les Allemands lui sont redevables, Eddie entreprend, avec l'accord de ses supérieurs au MI5, de rentrer en France. Mais, en temps de guerre, le voyage en territoire occupé n'est pas une mince affaire. Seule option : monter dans un bateau à destination du Portugal, pays neutre, et une des rares portes d'entrée de l'Europe.

Ainsi, sous la fausse identité de l'aide-steward Hugh Aston, Eddie embarque, le 15 mars 1943, à bord du *City of Lancaster*, un navire marchand britannique.

Dès son arrivée à Lisbonne, il pose ses valises et se rue à l'ambassade allemande. L'agent Fritz est de retour ! Impressionnés par les faits d'armes de leur espion, les Allemands lui réservent un accueil en fanfare. Confortablement installé dans un fauteuil, verre de brandy dans une main et cigare dans l'autre, Eddie raconte avec désinvolture comment il a, à lui tout seul, mis hors service l'usine De Havilland. Non content de l'effet produit par son récit, l'agent Fritz surenchérit. Il est prêt à accepter toute nouvelle mission ! L'Abwehr lui offre un nouveau marché : 20 000 livres sterling en échange du sabotage du *City of Lancaster*, le navire même avec lequel il a voyagé. Eddie accepte sans hésiter !

L'affaire ne tarde pas à remonter aux oreilles des Britanniques. Le MI6 propose que leurs hommes à Lisbonne « neutralisent » Eddie si besoin. Le MI5 préfère envoyer d'urgence Ronnie Reed, un de leurs agents. Il connaît bien Eddie et doit s'assurer qu'il leur est resté loyal.

23 mars 1943, « une putain de bombe ! »

Les premières lueurs de l'aube teintent le ciel de couleurs pastel. Au loin, la silhouette crénelée de la capitale portugaise se dresse sur la colline. Au port de Lisbonne, seul le bal de quelques mouettes anime les quais encore endormis.

Eddie hume l'air doux qui embaume l'atmosphère. Déterminé, il avance le long du monstre d'acier qui se dresse devant lui : le *City of Lancaster*. La grande cheminée du vaisseau d'où s'échappe un mince filet de fumée se détache dans le ciel. Eddie observe le navire, resserre son manteau et grimpe sur la passerelle. Arrivé sur le pont, il s'arrête et regarde autour de lui. Personne à l'horizon !

Il ouvre délicatement sa veste et jette un rapide coup d'œil à l'intérieur. Les deux bombes sont toujours là, fermement maintenues contre sa poitrine. Eddie peut sentir les battements de son cœur qui s'accélèrent. La veille, le Dr Baumann, son contact allemand à Lisbonne, lui a confié deux engins explosifs maquillés en morceaux de charbon. Eddie a pour mission de les déposer dans la soute du navire marchand. L'opération est simple : lorsque les marins jetteront le combustible dans le four, les bombes exploseront et feront couler le navire.

Eddie s'engouffre dans les entrailles du bateau, se lance à la hâte dans la coursive et se précipite vers sa cabine. À l'intérieur, il tombe nez à nez avec un matelot qui occupe son couchage.

– Dégage de là ! meugle Eddie sans ménagement.

Le marin, furieux d'être délogé, se jette sur lui ! Handicapé par les deux bombes qu'il cache sous sa veste, Eddie encaisse plusieurs coups. Puis, l'air rageur, il décroche une puissante droite et envoie valser son adversaire à terre. Faisant fi de ses blessures, Eddie s'enfuit.

Au détour d'un couloir, il tombe sur deux escaliers. L'un plonge dans les entrailles du bateau et l'autre rejoint les quartiers supérieurs. Il grimpe quatre à quatre les marches. Eddie parcourt encore quelques étroits couloirs et enfin s'arrête. À bout de souffle, il frappe à la porte. Après quelques instants, un homme lui ouvre.

Le regard suspect, le capitaine dévisage Eddie. Il est visiblement amoché : œil au beurre noir, lèvre entaillée. Le commandant s'apprête à interroger le blessé quand Eddie plonge sa main dans sa veste et extirpe deux morceaux de charbon. Il les pose délicatement sur la table, puis, d'un air grave, s'exclame :

– Prenez ceci ! C'est une bombe.

Alarmé, le capitaine observe les deux fragments noirs. La main sur l'épaule du capitaine, Eddie insiste :

– Ramenez-les en Angleterre et confiez-les aux autorités londoniennes. Mais surtout, pas un mot ! Cette mission est secrète !

Le commandant de bord opine du chef. Rassuré, Eddie le salue, tourne les talons et s'en va.

L'intérieur du faux morceau de charbon est bourré d'explosifs.

Printemps 1943, des vacances bien méritées

Le visage tuméfié, Eddie tient le combiné entre son oreille tachée de sang et son épaule. Cigarette au bec, il peste ! Ses lèvres ont tellement enflé après cette foutue baston qu'il peine à bredouiller quelques mots.

– Monsieur Baumann… L'opération est un succès ! La bombe est en place…

Eddie hésite quelques instants, puis reprend :

– Malheureusement, j'ai eu un accident, monsieur. J'ai dû me battre, mais j'ai réussi à m'en sortir !

À l'autre bout du fil, le Dr Baumann s'alarme :

– Vous n'êtes plus en sécurité ici ! Vous devez quitter Lisbonne dès que possible. Je vous mets sur le prochain vol à destination de Madrid.

Non content de l'effet produit par son annonce, Eddie raccroche l'appareil et pousse un ouf de soulagement. Voilà la deuxième fois qu'il a berné les Allemands ! Quelques heures plus tard, il s'installe à bord d'un avion en direction de Madrid. Une fois sur place, l'agent Fritz a de quoi être heureux : non seulement les Allemands, qui par chance n'ont pas vérifié s'il y a vraiment eu une explosion à bord du *City of Lancaster*, vont le payer généreusement, mais en récompense de ses loyaux services l'Abwehr a décidé de l'envoyer en Norvège occupée, pour des vacances tous frais payés !

Alors que l'agent Fritz entame un long périple à travers Madrid, Paris, Berlin et Copenhague, côté britannique, c'est aussi le soulagement ! Après avoir interrogé le capitaine du *City of Lancaster*, les hommes du MI5 n'ont plus aucun doute : Eddie est du bon côté ! Dans un télégramme jubilatoire envoyé à ses supérieurs, un membre du MI5 conclut : « J'en suis convaincu, Zigzag file droit pour nous ! »

FLAM

Été 1943, Norvège occupée

– Dieu merci, tu es de retour !

Dans le hall d'arrivée de l'aéroport d'Oslo, le Dr Graumann serre chaleureusement Eddie dans ses bras. Le visage marqué par les derniers mois passés sur le front à l'Est, le maître-espion scrute son poulain. Visiblement ému de retrouver son meilleur agent, il s'empresse de l'interroger sur ses exploits accomplis en Angleterre. Impressionné et surtout fier, il l'acclame :

– Fritz, voilà des vacances bien méritées !

À l'arrière de la voiture qui les conduit à travers les faubourgs d'Oslo, le Dr Graumann renseigne Eddie. Sa mission en Norvège, territoire occupé par les Allemands ? Profiter de la vie et dépenser sans compter. Deux choses pour lesquelles le jeune homme est extrêmement doué.

Eddie prend ses quartiers dans une maison cossue de la banlieue chic d'Oslo. Aux côtés d'autres agents de l'Abwehr, il mène une existence insouciante et dispendieuse, sous la houlette de son mentor. Soirées dans les quartiers branchés, restaurants gastronomiques, le maître-espion ne refuse rien à son poulain. Ainsi, Eddie va même jusqu'à acquérir un petit yacht ! Heureux propriétaire d'une embarcation, il parcourt les paysages bucoliques des fjords norvégiens.

En cette année 1943, la fortune sourit à Eddie. Alors que la Seconde Guerre mondiale atteint son paroxysme, le jeune homme, galvanisé par le succès de ses tromperies, mène une vie de prince aux côtés des officiers de l'armée allemande. Pour le Britannique, le fracas de la guerre est bien lointain.

Eddie n'en oublie pas pour autant sa véritable allégeance. Ainsi, à l'aide d'un appareil photo offert par les Allemands, il documente son quotidien en Norvège. Entre les clichés de paysages et de fêtes, l'agent Zigzag réunit les portraits de vingt-cinq espions allemands à destination des Britanniques. Des photos dangereuses qu'il cache dans son grenier.

NOTE HISTORIQUE

—

Lors de ses retrouvailles avec le Dr Graumann, Eddie reçoit, pour ses loyaux services rendus au Reich, une récompense très spéciale. Le jeune homme est en effet décoré de la Croix de fer, la plus haute distinction de l'armée allemande. Il sera le seul Britannique à obtenir cette décoration au cours de la Seconde Guerre mondiale.

Photographies prises par Eddie Chapman en Norvège.
En haut, un espion allemand assoupi. En bas, Dagmar Lahlum.

La Norvège sous occupation allemande en 1940.

Août 1943, une idylle à haut risque

Le bleu profond de la mer du Nord se mêle au bleu nuit du crépuscule. Au loin, les fjords se dressent, jaillissant des flots. Dans la chaleur étouffante de cette fin d'été, Eddie saisit l'ancre de son embarcation et la jette à l'eau. Puis il s'assied, enlace la jeune femme qui l'accompagne et dépose un tendre baiser sur ses lèvres.

Coureur de jupons invétéré, Eddie s'est trouvé une nouvelle petite amie ! C'est peu de temps après son arrivée en Norvège que le regard du gentleman et celui de Dagmar Lahlum, un modèle norvégien de vingt et un ans, se sont croisés. Un soir, dans l'ambiance feutrée du bar d'un luxueux hôtel d'Oslo, véritable repaire d'officiers allemands, Eddie et Dagmar ont eu le coup de foudre ! Sensible au charme et au bagout du mystérieux espion allemand, la Norvégienne s'est éprise d'Eddie, qui n'a su résister à la beauté et l'intelligence de la jeune femme.

Mais ce soir, à bord de son yacht, Eddie a décidé de faire tomber son masque et de jouer franc jeu. Il saisit une bouteille de cognac, avale une lampée d'un trait et se blottit contre Dagmar. Il tourne la tête et plante ses yeux dans les siens.

– Je ne t'ai pas tout dit, lui confie Eddie. Je ne suis pas allemand, encore moins un pion à la botte des nazis. Je suis un agent double au service de Sa Majesté.

Au prix d'un risque inconsidéré, Eddie vient de dévoiler sa véritable identité. C'est la première fois qu'il révèle sa casquette d'agent double. L'amour rend aveugle et Eddie vient de mettre sa vie entre les mains de Dagmar.

La jeune femme sourit. Elle n'était pas dupe. Elle avait bien remarqué qu'Eddie avait un accent bien trop prononcé pour être allemand. Elle pouffe de rire et embrasse tendrement son fiancé.

– Les Allemands vont bientôt me renvoyer en mission, reprend Eddie. Je ne resterai pas éternellement ici.

Les traits de Dagmar se durcissent. Un silence de plomb s'installe. Au loin, les rayons cuivrés du soleil enflamment les montagnes.

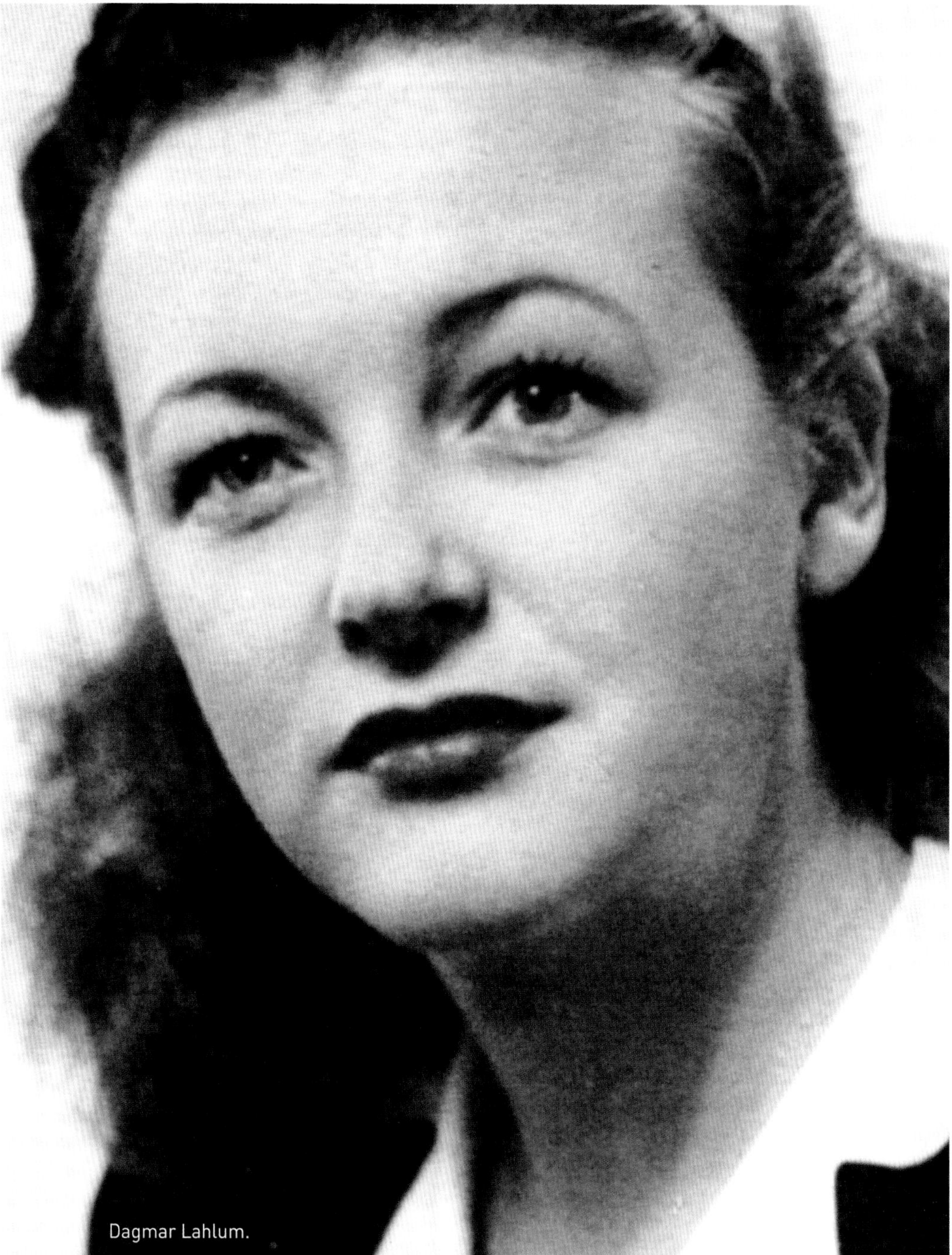
Dagmar Lahlum.

Les mois passent et Eddie fait travailler officieusement sa bien-aimée dans les services britanniques. Au prix de risques importants, Dagmar espionne désormais les Allemands pour le compte du MI5. Les deux amants, espions du même bord, dessinent leurs plans de vie d'après-guerre. Ils ouvriront une boîte de nuit à Paris, auront des enfants et voyageront à travers le monde. Rien ne semble troubler leurs rêves !

Pourtant, le fracas de la guerre vient brusquement mettre fin à leur idylle. En mars 1944, Eddie doit quitter Oslo pour de nouvelles missions d'espionnage. La séparation est déchirante. Eddie jure qu'une fois la guerre terminée il reviendra retrouver Dagmar et qu'ils se marieront. Avant de partir, il demande à la jeune femme de lui promettre de ne jamais révéler sa véritable identité. Gentleman jusqu'au bout, Eddie place sa fiancée sous la protection des Allemands. À sa demande, l'Abwehr loue à Dagmar un appartement et lui verse une rente mensuelle de 600 couronnes. Sa fiancée norvégienne n'a rien à envier à Freda, la seconde femme d'Eddie qui jouit de privilèges similaires au Royaume-Uni, grâce au MI5. Par un tour de passe-passe incroyable, notre curieux gentleman a maintenant deux femmes différentes, dans deux pays belligérants, protégés par deux services secrets qui se livrent une guerre féroce !

Bombe volante V1 au-dessus de Londres.

Été 1944, bombes volantes

Dans la nuit du 27 au 28 juin 1944, Eddie prend place dans un avion de la Luftwaffe et décolle depuis une base aérienne aux Pays-Bas. Comme un an et demi auparavant, il est parachuté au-dessus de l'Angleterre, frappe à la première porte, et appelle la police. Comme un an et demi auparavant, il se retrouve à Camp 020 face à l'impassible Œil d'étain. Détendu, il explique cette fois-ci sa nouvelle mission.

Alors que les Alliés ont débarqué en Normandie et que l'armée Rouge progresse sur le front de l'Est, Adolf Hitler est convaincu de détenir l'arme secrète qui fera basculer le conflit : le V1, le premier missile jamais construit. Ainsi, depuis le mois de juin 1944, des centaines de bombes volantes pleuvent sur Londres. Néanmoins, les Allemands n'ont aucun moyen de savoir précisément où les missiles explosent.

Pour calibrer les tirs, l'Abwehr a envoyé son meilleur agent sur le terrain. De retour au pays, Eddie se lance dans sa dernière opération de tromperie, bien décidé à abreuver les Allemands de fausses informations.

Alors que les missiles s'abattent sur le cœur de Londres, Eddie prétend, dans ses rapports, qu'ils s'abattent sur la banlieue nord. En trois jours, les Allemands corrigent la trajectoire des V1, qui s'écrasent désormais dans les champs au sud de la capitale. La nouvelle ruse, signée Zigzag, permet de limiter les dégâts des V1 et d'épargner à la capitale britannique des destructions massives. Les mensonges d'Eddie sauvent ainsi des milliers de vies. Mais alors que la guerre bascule dans le camp des Alliés, les vieux démons du gangster repenti refont surface.

NOTE HISTORIQUE

—

De retour à Londres, Eddie est logé au 35, Crespigny Road, une planque à espions de la banlieue londonienne. Elle abritera aussi Juan Pujol Garcia, un autre agent double, espagnol pour sa part, qui jouera un rôle crucial au moment du Débarquement. À la tête d'un réseau fictif de vingt-six agents imaginaires, Juan Pujol Garcia poussera la supercherie au point même de tromper Adolf Hitler sur le lieu du débarquement. Le récit passionnant de cet agent double est relaté dans le premier volume d'*Histoires de guerre*.

Octobre 1944, les vieux démons

Le jeune caporal Riesen, agent du MI5, s'engouffre dans une ruelle sombre de Londres. L'air est lourd, le temps, maussade. En cette fin de soirée, il a décidé de rendre une petite visite surprise à Eddie. Il a besoin de l'espion pour effectuer des transmissions.

L'agent Riesen entre dans un immeuble, gravit l'escalier et frappe à plusieurs reprises à la porte. Il tend l'oreille. De l'autre côté, le brouhaha d'une fête résonne. Il semble qu'Eddie ne soit pas seul chez lui ! Tout à coup, la porte s'ouvre : le caporal se retrouve nez à nez avec une brute épaisse passablement énervée et surtout complètement ivre ! L'agent reconnaît immédiatement Jimmy Hunt, ancien membre du gang d'Eddie tout juste sorti de prison. Riesen entre dans l'appartement et embrasse d'un coup d'œil la scène, digne d'un bouge londonien.

Un boxeur, un journaliste véreux et plusieurs figures notoires du monde du crime y sont réunis, vautrés sur le canapé. Bouteilles vides et mégots s'entassent tout autour d'eux. Verre de whisky et cigarette à la main, Jimmy Hunt toise le visiteur nocturne et lui lance d'une voix pâteuse, sans ménagement :

– Je suppose que t'es venu donner du boulot à Eddie ?

L'agent tombe des nues. Les dents serrées, il tourne les talons et repart aussitôt, sans dire un mot. Son rapport au MI5 est sans appel. Les services secrets britanniques fulminent ! Non seulement Eddie a repris contact avec ses vieux amis, parmi lesquels figurent les pires crapules du pays, mais surtout il n'a visiblement pas hésité à s'épancher sur son rôle d'agent secret ! Cette fois, c'en est trop ! Mais lorsque le MI5 sermonne Eddie, le fautif, inconscient, se fend de cette remarque acerbe :

– Je me permets de vous rappeler que je ne suis pas dans votre putain d'armée, mais dans l'armée allemande !

Le 2 novembre 1944, les frasques d'Eddie ont finalement raison de sa mission. Mis à pied par le MI5, l'agent Zigzag cesse d'exister, l'agent Fritz cesse de transmettre et Edward « Eddie » Arnold Chapman retourne à la vie civile, le casier judiciaire vide et les poches pleines. En bon opportuniste, Eddie a su tirer profit des deux camps. Il a obtenu des Allemands une coquette somme d'argent, et des Britanniques le pardon pour tous ses méfaits du passé.

« JAMAIS LA FICTION N'A PRODUIT, ET SANS DOUTE NE PRODUIRA, DE RÉCITS D'ESPIONNAGE AUSSI FASCINANTS ET IMPROBABLES QUE L'HISTOIRE VRAIE D'EDDIE CHAPMAN. »

Robin « Œil d'étain » Stephens, commandant du centre d'interrogatoire britannique pour les agents allemands capturés pendant la Seconde Guerre mondiale

Épilogue

En 1945, six ans après l'épisode spectaculaire de la baie vitrée de l'Hôtel de la Plage, Eddie retrouve Betty Farmer. La jeune femme, émue de revoir son amoureux qu'elle croyait mort pendant la guerre, accepte de lui refaire confiance. Deux ans plus tard, Eddie et Betty se marient et, en 1954, ils ont une fille, Suzanne. Ils ne se quitteront plus. Juste avant de disparaître, Eddie lui avait dit : « Je dois y aller, mais je reviendrai. » Promesse tenue !

Libéré du poids de ses obligations et délesté d'un casier judiciaire encombrant, Eddie profite de sa nouvelle vie de luxe. Fidèle à lui-même, il devient l'heureux propriétaire d'un château et, alors qu'il n'a jamais passé le permis de conduire, c'est au volant de sa toute nouvelle Rolls-Royce qu'il se pavane dans les rues de Londres.

Betty Farmer et Eddie Chapman en 1954.

Les années passent et, dans les bars mal fréquentés du quartier de Soho, le nom de Chapman continue à émailler les conversations. Au grand dam du MI5. En 1948, Eddie se retrouve à nouveau devant le tribunal pour une sombre affaire de faux-monnayage. Mais au moment de son procès, une lettre signée par un haut responsable de l'armée le tire d'affaire. Le document, qui lui fait office de passe-droit, stipule qu'il a été « l'un des hommes les plus courageux ayant servi pendant la guerre ». Toutefois le MI5 n'est pas pour autant débarrassé de son encombrant ex-agent.

Dans les années 1950, Eddie, avide de gloire et de richesse, décide de rédiger ses mémoires en brisant le secret auquel il est tenu. Réprimandé par les services secrets, il s'en tire avec une simple amende de 50 livres sterling.

Trafic d'or et de cigarettes, fraudes aux assurances, corruption, Eddie jouit d'une réputation d'homme sulfureux et infréquentable. Les journalistes, eux, l'adorent. Ils le surnomment « le gentleman escroc ». Cerise sur le gâteau, Eddie devient même consultant pour la section « crimes » du *Sunday Telegraph*. Jamais avare d'un bon mot, il préface ses articles de ce message d'avertissement : « J'avertis les lecteurs de se méfier des gens comme moi. »

En 1974, Eddie, alors âgé de soixante ans, apprend que le Dr Graumann, de son vrai nom Stephan von Gröning, est toujours en vie. Sans attendre, il reprend contact avec son ancien mentor. Peu rancunier, l'Allemand, qui a tout perdu après la guerre, se lie d'une amitié sincère avec celui qui l'a trahi et n'a cessé de lui mentir. Cinq ans plus tard, au mariage de Suzanne, la fille d'Eddie, les deux hommes se retrouvent. Bras dessus, bras dessous, les vétérans déambulent jusqu'au bout de la nuit. Ils évoquent ensemble le bon vieux temps et se remémorent, avec une nostalgie non contenue, leurs soirées à la Bretonnière.

Edward Arnold Chapman s'éteint le 11 décembre 1997 à l'âge de quatre-vingt-trois ans. Jusqu'à son dernier souffle, il aura oscillé entre le bien et le mal, la vertu et le vice, la vérité et le mensonge. L'homme, à la fois gangster et héros, cambrioleur et gentleman, menteur mais loyal, a su, dans le moment le plus critique de la guerre, choisir son camp. Rarement, dans l'histoire de l'espionnage, le nom de code d'un agent n'aura été aussi bien trouvé. Car jamais l'agent Zigzag n'aura suivi le droit chemin.

REMERCIEMENTS

L'écriture de ce nouvel ouvrage n'aurait une nouvelle fois pas été possible sans le précieux soutien des personnes qui nous entourent. Nous tenons à remercier nos compagnons d'aventure :

Patrick Godfard, historien et véritable puits de savoir, dont la finesse et la justesse ont su faire honneur au récit vibrant de ces quatre héros oubliés de l'Histoire, Anne-Christine Martin, dont la sensibilité et l'enthousiasme indéfectible ont une nouvelle fois fait briller notre récit, Elsa Lafon, Guillaume Talavera, Émilien Castaing et Gilles Legleye, de la maison d'édition Michel Lafon, pour leur confiance.

Mais aussi Mathias Corrard, Vivien Tarrillion, Mathieu Parrot, Maxime Boden, Julian Benini, Pierre-Alain de Garrigues, Alice Maschino, Anaëlle Adam, Eric Batteux, pour avoir rendu cet ouvrage possible.

RÉDACTION ET COORDINATION ÉDITORIALE
Florian Henn et Julien Aubrée

ICONOGRAPHIE
François Calvier

DIRECTION D'OUVRAGE
Guillaume Talavera

RELECTURE HISTORIQUE
Patrick Godfard

CONCEPTION ARTISTIQUE ET MISE EN PAGE
Émilien Castaing

FABRICATION
Christian Toanen et Nikola Savic

BIBLIOGRAPHIE

Chapitre I : L'histoire tragique des amoureux d'Auschwitz

Témoignages

Wiesław Kielar, Frank Straschitz (traduction), *Anus Mundi – Cinq ans à Auschwitz*, Les Belles Lettres, 2020

Michał Gałek et Marcin Nowakowski, *Épisodes d'Auschwitz*, tome 1, *Amour dans l'ombre de la mort*, K & L Press, 2009

Charlotte Delbo, *Auschwitz et après*, tome 1, *Aucun de nous ne reviendra*, Les Éditions de Minuit, 1970

Études

Gérard Huber, *Mala – Une femme juive héroïque dans le camp d'Auschwitz-Birkenau*, Éditions du Rocher, 2006

Gérard Huber, conférence sur Mala Zimetbaum, Lille, 2005 : https://web.archive.org/web/20140720045751/http ://www.gerardhuber.fr/wp-content/uploads/2009/11/conf_c3_a9rence_20mala_20061105.pdf

Michael J. Neufeld et Michael Berenbaum, *The Bombing of Auschwitz : Should The Allies Have Attempted It ?*, New York, St. Martin's Press (en association avec l'United States Holocaust Memorial Museum), 2000

Anise Postel-Vinay, *Camps d'hommes, camps de femmes : premières approches. Étude d'une ancienne déportée de Ravensbrück*, Histoire@Politique, n° 5, 2008/2. Consultable sur le site Internet suivant : https://www.cairn.info/revue-histoire-politique-2008-2-page-4.htm

« La Belgique docile, Les autorités belges et la persécution des Juifs en Belgique pendant la Seconde Guerre mondiale », rapport final d'une étude effectuée par le Centre d'Études et de Documentation Guerre et Sociétés contemporaines pour le compte du gouvernement fédéral et à la demande du Sénat de Belgique, 2004-2007 : https://www.cegesoma.be/docs/media/Divers/rapport_final_Intro_Conclusion.pdf

Sites sur Internet

« Tragic Love at Auschwitz, The story of Edek Galiński and Mala Zimetbaum » : https://artsandculture.google.com/exhibit/tragic-love-at-auschwitz/VALCdmyTRwp2IQ

Déportés politiques à Auschwitz : https://deportes-politiques-auschwitz.fr/2012/08/lappel-auschwitz/

Organisation d'Auschwitz : http://d-d.natanson.pagesperso-orange.fr/

Chapitre II : L'homme qui a failli tuer Adolf Hitler, à treize minutes près

Archive

Un attentat contre Hitler – Procès-verbaux des interrogatoires de Johann Georg Elser, présenté et traduit de l'allemand par Bénédicte Savoy, préface de Gilles Perrault, Arles, Solin Actes Sud, 1998

Étude

Didier Chauvet, *Georg Elser et l'attentat du 8 novembre 1939 contre Hitler*, Paris, L'Harmattan, 2018

Sites sur Internet

Site du Mémorial de la résistance allemande (Gedenkstätte Deutscher Widerstand) sur Georg Elser : https ://www.georg-elser.de/

Georg Elser Arbeitskreis, site du groupe de travail sur Georg Elser : http ://www.georg-elser-arbeitskreis.de/

Film

Elser, un héros ordinaire, Oliver Hirschbiegel, 2015

Chapitre III : Une vie en zigzag : le fascinant destin du gangster devenu agent double

Archives

Archives déclassifiées concernant Edward Arnold Chapman : https://discovery.nationalarchives.gov.uk/details/r/C10967502

La fiche d'Eddie Chapman sur le site du MI5 : https://www.mi5.gov.uk/eddie-chapman

Frank Falla Archive : https://www.frankfallaarchive.org/people/edward-eddie-arnold-chapman/

Arthur O. Bauer : https://www.cdvandt.org/chapman-zigzag.htm

Études

Ben Macintyre, *Agent Zigzag : The True Wartime Story of Eddie Chapman : Lover, Traitor, Hero, Spy*, Bloomsbury Publishing PLC, 2016

Thomas Fontaine, *Le fort de Romainville, un camp allemand en France (1940-1944)* : https://www.fondationresistance.org/documents/dossier_them/Doc00049.pdf

Documentaires

BBC, Timewatch, *Double Agent : The Eddie Chapman Story*, 2011

INA-madelen, *Eddie Chapman, ex-gangster, ex-espion* : https://madelen.ina.fr/programme/eddie-chapman-ex-gangster-ex-espion/player/caf90031735/eddie-chapman-ex-gangster-ex-espion

CRÉDITS

p. 4 : Hulton Archive / Getty

p. 6 : The archival collection of The State Museum Auschwitz-Birkenau in Oświęcim / Colorisation de Marina Amaral

p. 10 : DR

p. 11 : DR

p. 12 : DR

pp. 14-15 : Gamma Rapho / Getty

p. 17 : DR

p. 18 : Gamma Rapho / Getty

p. 20 : Shawshots / Alamy Banque D'Images / colorisation de Dana Keller

p. 22 : The archival collection of The State Museum Auschwitz-Birkenau in Oświęcim

p. 25 : GL Archive / Alamy Banque D'Images

p. 26 : Universal Images Group Editorial / Getty

pp. 28-29 : DR / Colorisation de Marina Amaral

p. 30 : Gamma-Keystone / Getty

p. 31 : The archival collection of The State Museum Auschwitz-Birkenau in Oświęcim / Colorisation de Marina Amaral

p. 33 : DR

pp. 34-35 : The archival collection of The State Museum Auschwitz-Birkenau in Oświęcim / Colorisation de Marina Amaral

p. 37 : The archival collection of The State Museum Auschwitz-Birkenau in Oświęcim / Colorisation de Marina Amaral

p. 39 : DR

p. 40 : Universal Images Group Editorial / Getty

p. 42 : United States Holocaust Memorial Museum

p. 44 : The archival collection of The State Museum Auschwitz-Birkenau in Oświęcim

p. 47 : The archival collection of The State Museum Auschwitz-Birkenau in Oświęcim

p. 48 : DR

p. 50 : The archival collection of The State Museum Auschwitz-Birkenau in Oświęcim

p. 53 : DR

p. 55 : The archival collection of The State Museum Auschwitz-Birkenau in Oświęcim

p. 56 : DR

pp. 58-59 : DR

p. 60 : Archives fédérales suisses, Berne / Colorisation de Marina Amaral

pp. 64-65 : DR / Colorisation de Marina Amaral

p. 67 : Ullstein Bild / Getty

p. 68 : Ullstein Bild / Getty

p. 70 : US Holocaust Memorial Museum, courtesy of William O. McWorkman

p. 73 : Centre commémoratif de la résistance allemande, Berlin

p. 74 : DR

p. 77 : DR

pp. 78-79 : Ullstein Bild / Getty

p. 80 : AKG Images

p. 84 : DR

p. 87 : DR

p. 88 : Institut d'histoire contemporaine, Munich

p. 89 : Institut d'histoire contemporaine, Munich

p. 90 : Institut d'histoire contemporaine, Munich

p. 91 : DR

p. 92 : DR

p. 97 : DR

pp. 100-101 : DR / Colorisation de Marina Amaral

p. 102 : Ullstein Bild / Getty

p. 105 : US Holocaust Memorial Museum, courtesy of National Archives and Records Administration, College Park

pp. 106-107 : DR

p. 108 : DR

p. 109 : DR

p. 111 : DR

p. 112 : DR / Colorisation de Marina Amaral

p. 115 : DR

p. 117 : Archives fédérales suisses, Berne

pp. 120-121 : United States Holocaust Memorial Museum

p. 122 : DR

p. 124 : DR

pp. 126-127 : DR

p. 128 : DR

p. 132 : DR

p. 135 : Ullstein Bild / Getty

pp. 136-137 : Mirrorpix / Getty

p. 139 : DR

p. 143 : DR

p. 147 : DR

p. 148 : Universal Images Group Editorial / Getty

p. 150 : DR

p. 152 : DR

p. 155 : Popperfoto / Getty

pp. 156-157 : Premium Archive / Getty

p. 160 : Hulton Archive / Getty

p. 164 : DR

p. 166 : DR

p. 169 : DR

p. 170 : DR

p. 172 : Archives MI5

p. 174 : DR

p. 176 : DR

p. 177 : DR

p. 179 : Ullstein Bild / Getty

p. 180 : DR

p. 183 : DR

p. 184 : Universal Images Group Editorial / Getty

p. 186 : DR

p. 188 : DR

pp. 192-193 : Ullstein Bild / Getty / Colorisation de Marina Amaral

p. 195 : Mirrorpix/Getty / Colorisation de Marina Amaral

p. 196 : Hulton Archive / Getty

pp. 198-199 : Getty

Dépôt légal : septembre 2022
ISBN 13 : 978-2-7499-4922-2
LAF 3201

Imprimé en République Tchèque